Chris Stadtlaender · Gute Reise

RAD-GLEITSCHUH
ZUM BREMSEN
Riechfläschchen
"Gemütliches" Reisen im
"Biedermeier 1825

Gute Reise

Mit Zeichnungen von
Wilfried Zeller-Zellenberg

Herausgegeben
von Chris Stadtlaender

AMALTHEA

Schutzumschlagzeichnungen: Wilfried Zeller-Zellenberg
Gesamtherstellung: Jos. C. Huber KG, Dießen vor München
Printed in Germany 1975
ISBN 3-85002-033-9

Vorwort

Immer war der Mensch mobil. Immer wechselte er die Stätten seines Seins. Immer war ihm der Drang in die Ferne, in die Weite eigen. Das Erdenwallen – in ihm können wir das Urmotiv allen Reisens erblicken. Der Aufbruch zu neuen Zielen, er ist zugleich – und dies seit Jahrtausenden – die reale Verwirklichung des eigenen Ich. Irgendwo in blauen Fernen, so meint der Sterbliche, wird sein Schicksal glückhafte Erfüllung.

Und so durchmißt er denn seinen Lebensraum: zu Fuß und bedächtig; mit den Hilfsmitteln der Technik, Automobil, Bahn, Flugzeug, die ihm rasches Überwinden aller Weiten ermöglichen; auf besondere Weise: im Ballon, dem Gebot der Winde folgend; auf dem Rücken der Pferde; in der Kalesche zu empfindsamer Reise, in Gedanken dem Ziel vorauseilend.

Im Reisen liegt tieferer Sinn. Den Standort wechseln. Das Leben finden, wie im Gilgamesch-Epos (vor 4000 Jahren) ausgedrückt. Denn der Weg jenes Helden führte zum alten »Utnapischtim«, der jenseits der Gewässer des Todes wohnt. »Utnapischtim«, das bedeutete: »das Leben gefunden«.

Und so brachen sie auf vor Jahrtausenden, jene ersten Wanderer, Nomaden der Eiszeit, die weder Reittier noch Wagen kannten. Die Phönizier, als sie nach Westafrika zogen. Alexander der Große auf seinen Triumphzügen nach Ägypten, Persien, Indien. Die Pilger während der Kreuzzüge, die Ritter, Abenteurer, Forscher, Gelehrten – bis zu den Vaganten unserer Tage, die auf moderne Art die Welt zu erobern suchen.

Spüren wir den Urmotiven allen »Sich-Entfernens« nach: jenem Zustand zwischen Ahnen und Erkennen, zwischen Sehnen und Sehen, so eint alle Wanderer, alle Reisenden wohl der Wunsch, das Heimweh nach einem verlorenen Paradies zu stillen, sich zu erheben über das Gewohnte, Flügel zu haben, an anderem Ort schließlich sich selbst zu finden.

Warum reist der Mensch? Warum bricht er auf zu fernen Zielen? Ist es der ästhetische Reiz des Unterwegsseins, der ihn anzieht?

Ist es der Zauber fremder Welten? Ist es die Hoffnung, auf dem Umweg über die Fremde zu neuen Erkenntnissen zu gelangen? Erkenntnissen über sich selbst, über das Verhältnis zur Umwelt — oder auch zu den Wünschen und Sehnsüchten jener Fremden, denen er anderswo begegnet, ihren Lebensgewohnheiten, Gebräuchen, Sitten — heute noch seltsam anmutend, morgen verstanden und akzeptiert?

Leider — in unserer schnellebigen Zeit ist alles Reisen fast gleich dem Kilometerfressen geworden. Moderne Unrast — sie hat mit den Urmotiven des Unterwegsseins schon nichts mehr zu tun! Reiselust und Reisekunst beginnen rar zu werden. Die Fußwanderung stirbt aus. Das Wandervogeldasein endet an der nächsten Autobahn. Die empfindsame Reise, die Bildungsreise im Sinne Platons, der da sagte: »Wenn jemand zur Grenze der Luft gelangte oder Flügel bekäme und hinaufflöge, würde er den wahren Himmel, das wahre Licht und die wahre Erde erkennen...« — sie müssen erst wiederentdeckt werden. Unser moderner Massentourismus ist der Moloch, der all dies in seinen (neuen) Anfängen erstickt.

Wer Reisen zur Kunst erheben will — ganz gleich, wie solches vor sich gehen mag —, der muß zu den Urquellen zurückkehren. Die Reisenden der Antike können Lehrmeister sein — aber auch die einsamen Wanderer der Romantik, die Ästhetiker, die empfindsamen Spaziergänger, die Abenteurer im Sattel, die Vagabunden und Phantasten, wie sie unsere Erdkugel seit eh und je bevölkert haben.

In der Ilias heißt es (XIV):

»Gib mir den Zauber der Lieb' und der Sehnsucht, welcher dir alle Herzen der Götter bezähmt und sterblicher Erdebewohner. Denn ich geh an die Grenzen der nahrungsprossenden Erde . . .«

Und aus Rom schreibt Johann Wolfgang von Goethe am 1. November 1786 an die Freunde:

». . . Über das Tiroler Gebirg bin ich gleichsam weggeflogen, Verona, Vicenza, Padua, Venedig habe ich gut, Ferrara, Cento, Bologna flüchtig und Florenz kaum gesehn. Die Begierde, nach Rom zu kommen, war so groß, wuchs so sehr mit jedem Augenblicke, daß kein Bleibens mehr war . . . Denn es geht, man darf wohl sagen, ein neues Leben an, wenn man das Ganze mit Augen sieht, das man teilweise in- und auswendig kennt . . . Es ist alles, wie ich mirs dachte, und alles neu . . .«

Und Wilhelm von Humboldt, der große Reisende, ließ den schwedischen Diplomaten Carl Custav von Brinkmann 1803 wissen:

». . . Man wirft einen Blick auf das Ganze, und es ist ein Gemälde, es wirft die Phantasie nicht zerstreuend auseinander und in die Fernen, es versammelt sie zurück auf denselben Punkt, wenn sie eben ins Unendliche ausschweifen will, es macht das Gemüt still, es bringt Wehmut hervor und vermehrt doch die Klarheit und nimmt kaum etwas der Heiterkeit . . .«

»Hältst Du nicht dafür, daß das eigentliche Interesse, das wir an der Welt nehmen, darin besteht, daß wir das »Außer uns« zu einem »In uns« zu machen suchen?« schrieb Leopold von Ranke anno 1829 an den Philosophen Heinrich Ritter.

Soviele Geister, soviele Reflexionen. Das »reine Natur-Erlebnis«, wie es etwa dem Naturforscher Ernst Haeckel vorschwebte, als Sinn allen Reisens — (»Die Gedanken eines unmittelbaren Hingebens an die reine, köstliche Natur, eines harmonischen Zusammenlebens mit ihrem einfachen und doch so reichen Stilleben . . .«) — hat die Romantiker beseelt. In der Wegzeile zwischen Abschied und Ankunft, die Rilke beschrieb: »Vielleicht fährt man nur einer Wiederkehr und einem Willkommen nach . . .« — und schließlich in den ewigen, unruhvollen Wanderungen der Nomaden, der Zigeuner — bis in unsere Tage —, die sich selbst als »Söhne des Windes« bezeichnen, liegt alles das beschlossen, was den Menschen je an Reisefieber, Fernweh und Sehnsucht bedrängte und getrieben hat.

»Sobald ich im Zug . . . sitze, werden meine endlich von beständigen Verdrießlichkeiten befreiten Gedanken wieder leichtfüßig, tätig, schöpferisch. Das ist eine unbeschreibliche Wollust, die keiner anderen vergleichbar ist«, notierte André Gide 1935 in sein Tagebuch.

Und Goethe schrieb in einem Brief an Schiller:

». . . Die Reise gleicht einem Spiel; es ist immer Gewinn und Verlust dabei, und meist von der unerwarteten Seite; man empfängt mehr oder weniger, als man hofft, man kann ungestraft eine Weile hinschlendern, und dann ist man wieder genötigt, sich einen Augenblick zusammenzunehmen. Für Naturen wie die meine, die sich gerne festsetzen und die Dinge festhalten, ist eine Reise unschätzbar; sie belebt, berichtigt, belehrt und bildet.«

Wie immer aber einer in die Ferne zieht, die Welt erobert: immer ist etwas Unnennbares damit verbunden, etwas wie die Suche nach dem verlorenen Paradies . . .

Chris Stadtlaender

Hans Christian Andersen

Gute Reise!

O reisen, reisen! Das ist doch das glücklichste Los! Und daher reisen wir auch alle. Alles in dem ganzen Universum reist! Selbst der ärmste Mann ist im Besitz des beflügelten Pferdes der Gedanken, und wird dies schwach und alt, dann nimmt ihn doch der Tod mit auf die Reise, die große Reise, die wir alle machen. Die Wellen rollen von Küste zu Küste, die Wolken segeln an dem großen Himmel dahin, und der Vogel fliegt weit über Felder und Auen. Wir reisen alle, selbst die Toten in ihren stillen Gräbern fliegen mit der Erde rund um die Sonne. Ja, »Reisen« ist eine fixe Idee in dem ganzen Universum, aber wir Menschen sind Kinder, wir wollen auch noch »Reisen« spielen während unserer und aller Dinge großer natürlicher Reise.

(Aus »Reiseschatten«.)

James A. Michener

Iberia – Reisen und Gedanken
(1968)

... Am Samstag brechen wir schon in aller Herrgottsfrühe auf. Wir reiten am Rand von Las Marismas entlang, um hin und wieder einen Blick auf die berühmten Reiherhorste zu erhaschen. Nach einem siebenstündigen Ritt, gegen drei Uhr nachmittags, kommt schließlich El Rocío in Sicht. Oder richtiger, eine riesige Staubwolke, die von den aus allen Richtungen anrollenden vielen tausend Ochsenkarren aufgewirbelt wird. Nun geben wir unseren Pferden die Sporen, galoppieren ins Dorf, halten geradewegs auf die Kapelle zu, erweisen der Muttergottes noch zu Pferd unsere Reverenz und reiten dann ein paarmal herum, damit auch alle Welt sieht, daß unsere Abordnung eingetroffen ist.

El Rocío! Man muß es selbst gesehen haben, denn mit Worten läßt es sich kaum beschreiben. Stellen Sie sich eine mehrtausendköpfige Menschenmenge vor, Hunderte von Zigeunern, dazu Trommeln und Flöten und Guitarren und Händeklatschen und einen Riesenfuhrpark von zweirädrigen Karren aus dem vorigen Jahrhundert, und das alles ohne Schlaf.

Schlaf! Vom Samstagnachmittag, dem Tag der Ankunft, bis in die späte Montagnacht hinein tut keiner ein Auge zu. Nickt doch einmal einer ein, so weckt ihn sein Nachbar unfehlbar wieder auf. Er könnte sowieso nicht wirklich schlafen, bei diesem Höllenlärm, der keinen Augenblick nachläßt. Natürlich wird die Stimmung im Laufe der Zeit etwas gereizt. Aber der Witz ist ja gerade, den anderen zum Explodieren zu bringen. Will dann der, dem man das Mädchen ausgespannt oder den Wein weggetrunken hat, auf einen losgehen, rufen alle: »Viva la Paloma Blanca!«, und ob er will oder nicht, er muß wohl oder übel lachen, seinem Widersacher die Hand schütteln und mit ihm ein Glas leeren. Gelegentlich freilich kann es auch anders kommen. So beobachtete ich einmal, wie sie einem Burschen wirklich übel zusetzten. Als er die Faust hob, um seinem schlimmsten Peiniger eins zu verpassen, riefen wir alle wie aus einem Munde »Paloma Blanca!« Er aber drosch dem anderen mit voller Wucht aufs Auge und brüllte: »Paloma Blanca! Ojo negro!« (Weiße Taube! Blaues Auge!)

Jede Gemeinde aus der Nachbarschaft hat hier ihr eigenes Haus, wo man kostenlos etwas trinken, mit seinen Freunden zusammenkommen oder seine Frau abhängen kann, wenn man einmal ein bißchen über die Stränge schlagen will. Aber am späten Samstagabend muß alles zur Stelle sein, denn nun beginnt der feierliche Umritt zu Ehren der Muttergottes.

So gegen neun Uhr abends bricht ein wahrer Hexensabbat los – Flamencomusik, lautes Geschrei und allgemeines Gelärme. Die Reiter stellen sich hoch zu Roß rund um den Hauptplatz, den Real del Rocío, auf, und nun beginnt der über dreistündige Ritt um die Marienkapelle. Das Ganze wirkt wie ein Bild aus dem alten Spanien. Der beste Teil kommt erst nach dem offiziellen Umritt, denn jetzt ziehen die Reiter in Trüppchen lachend und schreiend die ganze Nacht durchs Dorf. Immer, wenn ich mir in England klarzuwerden versuche, warum ich eigentlich gar so sehr in Spanien vernarrt bin, fällt mir zweierlei ein – die Vögel beim Schloß und der nächtliche Umritt in El Rocío.

Am Sonntagmorgen um zehn Uhr trifft sich alles auf dem Real, wo sich schon eine dichte Menschenmenge drängt. An einem transportablen Altar wird unter freiem Himmel eine Messe zelebriert, an der die Reiter wie in alten Zeiten zu Pferd teilnehmen.

Am Sonntagabend herrscht dann allgemein eine recht rührselige Stimmung. Man zieht von Haus zu Haus, verbrüdert sich mit jedermann, singt und trinkt die ganze Nacht durch. Und wer den Lärm nicht mehr aushält, verkrümelt sich stillschweigend und schläft irgendwo im Grünen.

Aber der größte Rummel geht erst am Montag los. Schon am frühen Morgen wird die alte Marienfigur auf einer großen flossenartigen Holztrage aus der Kirche geholt, damit sie einen

Eine Zigeuner-
urgroßmutter

Paseo machen und all die vielen Pilger segnen kann, die ihr zu Ehren herbeigeströmt sind. Ihr zu Ehren. Wirklich treffend gesagt. Nach altem Brauch dürfen nur Männer aus Almonte die Muttergottes tragen, denn schließlich haben ihre Vorfahren sie ja im Baum entdeckt. Die anderen möchten natürlich auch gern mittragen, werden aber von den Männern aus Almonte weggestoßen.

Was also tun, um dennoch heranzukommen? Sie setzen den Trägern mit Knuffen und Püffen tüchtig zu. Das Hemd hängt einem nach wenigen Minuten in Fetzen vom Leibe, denn im Schatten der Muttergottes finden wahrhaft furchterregende Straßenschlachten statt. Ich habe selber gesehen, wie Männer, darauf versessen, die Trage zu berühren, ein paar Schritt zurücktraten, einen Anlauf nahmen und dem nächstbesten Träger buchstäblich ins Gesicht sprangen. Ein wahres Wunder, wenn der Getroffene überhaupt noch einen Zahn im Munde hat. Stolpert er zurück, um sich auf den Angreifer zu stürzen, ruft mit Sicherheit einer: »Viva la Paloma Blanca!« und es bleibt ihm nichts anderes übrig, als sich den Mund zu wischen und ein freundliches Grinsen aufzusetzen.

Und dieses Gerangel dauert vier bis fünf Stunden, vielleicht sogar noch länger. Die Muttergottes kommt auch kaum vom Fleck, schwankt und wankt ganz bedenklich, doch immer, wenn sie endgültig herunterzufallen droht, greifen unzählige Hände nach ihr, halten sie und richten sie wieder auf. Das geht pausenlos weiter, denn sowie sich einer außer Atem zurückziehen muß, springt schon der nächste in die Bresche, wild entschlossen, die Trage zu erwischen.

Am Spätnachmittag kehrt allmählich wieder Vernunft ein, die zweirädrigen Karren fahren heimwärts, die mitgenommene Muttergottes wird in ihre ruhige Nische zurückgestellt, die Häuser werden bis zum nächsten Jahr geschlossen, die Läden zugemacht, die Zigeunerkapellen ziehen zur nächsten Fiesta weiter. Allenthalben sieht man schlafende Gestalten auf den Veranden und unter den Bäumen. Auch die Pferde, die seit Tagen nicht mehr zur Ruhe gekommen sind, schlafen im Stehen oder grasen am Rande des Sumpflandes.

Ernst Wiese

Zwischen Tejeda und Teide
(Gran Canarias)
1968

Auf der Fahrt von Artenara durch den weltberühmten Pinienwald nach dem Pinar de Tamadaba bot sich uns bei einer Biegung der schmalen Erdstraße ein Ausblick, der so großartig war, daß man ihn kaum beschreiben kann. Fast zum Greifen nahe stand der Gipfel des Teide vor uns. Das 3718 Meter hohe, teilweise schneebedeckte Wahrzeichen der Nachbarinsel Teneriffa erhob sich majestätisch aus einem Meer von weißen Wolken vor einem Hintergrund, der vom zartesten Himmelblau in tiefes Karmin überging. An beiden Seiten bildeten sattgrüne Pinien eine dunkle Kulisse. Diese ungewöhnliche Farbenzusammenstellung war von seltener Reinheit und Kontrastwirkung. Das Ganze wirkte, da es sich jeden Augenblick wieder in Nebel aufzulösen drohte, unrealistisch, märchenhaft. Der weiße Nebelteppich zu unseren Füßen war in ständiger Bewegung, brodelndem Schaum ähnlich oder einem großen Leintuch, das von unsichtbaren Händen gehoben und gesenkt wurde. Immer wieder rissen große Löcher in diesen Vorhang, durch die man für einige Augenblicke eine großartige Landschaft sah.
In dunkleren Farbtönen sind die Bilder gehalten, die wir auf der Weiterfahrt durch den elf Kilometer breiten Krater des Tejeda im Rahmen unserer Windschutzscheibe erblicken. Der fast vegetationslose Kraterkamm aus schwarzem Lavagestein wird immer wieder von bizarren und grotesken Felsformationen unterbrochen. Weiter unten sehen wir die von den fleißigen Bauern von Tejeda in jahrzehntelanger Arbeit angelegten Terrassenfelder aus dunkelbrauner Lavaerde. In seltsamen Schlangenlinien ziehen sie sich parallel an den Hängen hin. Die Häu-

ser lehnen sich dicht an den Berg oder sind nach Guanchenart in die Erde hineingebaut. Nur die weiße Frontmauer ragt nach außen.

Etwas mehr als zwei Stunden dauert die Fahrt durch diese Mini-Gebirgswelt im längst verfallenen Riesenkrater des Tejeda, die vor Urzeiten von den Gewalten des Feuers und Wassers geschaffen wurde. In diesen beiden Stufen vermeine ich bald in den Dolomiten, bald in Norwegen oder Island zu sein; doch die Bezeichnungen auf der Landkarte führen uns immer aus dem Reich der Fantasie in die kanarische Wirklichkeit zurück. In diesen beiden Stunden scheint aber auch die Zeit ausgelöscht zu sein. Die Sorgen dieser Welt und ihre Probleme, Kriege und Hungersnöte, Krankheiten und Verfolgungen sind ganz, ganz weit von uns weg. Der Hirt, der seine Ziegenherde vorbeitreibt und voll Neugierde das Auto betrachtend stehen bleibt, der junge Mann, der mit Stolz die Namen der schroffen Felstürme, die wir vor uns sehen, nennt und uns nach kurzer Konversation einen Schluck aus seiner Korbflasche anbietet, damit wir die Güte des Lavaweines kennenlernen, der in seinem Weingarten wächst, und der Bauer, der seinen Esel an den nächsten Baum bindet, um ungestört mit einem ihm entgegenkommenden Bekannten ein Plauderstündchen auf der Straße abhalten zu können — das sind Figuren, die nicht in unsere hektische Zeit passen, sondern eher in ein Bild Breughels.

... Auf den geringen Fremdenverkehr bauten wir auch unsere Hoffnung, als wir — da die Sonne recht tief stand — in dem kleinen Örtchen San Bartolomé de Tirajama um Quartier fragten. Obwohl wir in drei Stunden bequem in Las Palmas hätten sein können, war uns ein Aufenthalt in dieser urtümlichen Landschaft doch sehr willkommen. Wir hatten uns auch nicht verrechnet.

San Bartolomé empfing uns mit einer malerischen kleinen Kirche aus dem 17. Jahrhundert, die inmitten einer Terrasse liegt, von der aus der Blick weit über das Tal bis zum blauen Meer reicht. Freundliche Häuser und Ortschaften putzen die tiefgrün erscheinende Landschaft auf. Eine Schar lustiger Kinder umringt im Nu unseren Wagen. Die Kinder deuten auf ein

an einem der ansehnlichsten von den einstöckigen Häusern gebrachtes Schild, das dieses als »Pension« ausweist. Zum Unterschied von der Unterkunft des Vortages gibt es hier gleich drei sehr saubere Gasträume im Erdgeschoß, die – wie hier allgemein üblich – das Licht nur durch eine meist offenstehende Tür zur Straße bekommen. Auch hier sind die Gästezimmer rund um einen kleinen Patio, einen winzigen Hof, angelegt. Dieser Patio ist mit einer Fülle von Tropenpflanzen, die einen köstlichen Duft verströmen, geschmückt. Diese Herrlichkeit verdrängt jede Kritik, die sich vielleicht hätte finden lassen ...

Gerne wären wir ganz zeitig in der Frühe aufgebrochen. Die Wirtin machte uns aber einen Strich durch die Rechnung, denn es ist hier nun einmal so Brauch, daß heißes Wasser und Frühstück erst nach acht Uhr morgens gebracht werden. Außerdem war Sonntag.

Wir hatten uns ein reichhaltiges Programm zurechtgelegt: Besichtigung der prachtvollen Kirchen des alten Teror, Spaziergang in den Gärten von Santa Brigida und Besuch des Mirador von Bandama, um die herrliche Rundsicht über die Bucht und Las Palmas genießen zu können. Vor allem aber wollten wir die Darbietungen der Tanzgruppe im Pueblo Canario nicht versäumen, die immer sonntags bei schönem Wetter auftritt. Weiter wollten wir an diesem unserem letzten Tag auf Gran Canaria noch einkaufen und ein Meerbad nehmen. Wir mußten das Programm aber ändern, denn wir trafen ein belgisches Ehepaar, das wir von der »Villa de Madrid« her kannten. Die beiden reisten mit ihrem Wohnwagen und waren hier an der Ostküste, wenige Kilometer von dem großen Flugplatz Gando entfernt im ersten Caravancamp und Zeltlager der Kanarischen Insel untergekommen. Noch war der nicht ganz ausgebaute Platz schwach belegt. Bald wird er jedoch so wie die anderen, die im Entstehen sind, ausgebucht sein. Alle diese Plätze werden über schöne und leistungsfähige Restaurants, Tanzflächen, Duschen und Planschbecken für die Kinder verfügen.

Daß wir an diesem Sonntagabend noch an der Jungfernfahrt der »Ciudad de la Compostela«, der größten und schönsten Autofähre der »Transmediterranea« teilnehmen konnten, war

purer Zufall. Das für die Aufnahme von hundert Automobilen und siebenhundert Passagieren gebaute Schiff, das zum ersten Male auf der Linie Cadiz–Kanarische Inseln eingesetzt wurde, sollte wie die »Santa Maria de la Pina«, die für uns bestimmt war, um Mitternacht nach Santa Cruz de Teneriffa in See stechen. Die Beamtin am Schalter der Schiffahrtslinie hatte uns das nicht mitgeteilt. Wir wußten natürlich auch nicht, daß die »Ciudad de la Compostela« eine Garage besaß, in die man direkt vom Quai aus einfahren konnte.
Die Beamtin hatte uns gesagt, wir sollten unbedingt um 18 Uhr an der Mole sein, damit der Wagen auf die »Pina« verladen werden könnte. Als wir, etwas ängstlich, weil wir uns verspätet hatten, um 19 Uhr beim Schiff ankamen, war nur ein einziger Matrose an Bord des Küstendampfers. Er sagte mir, daß die gesamte Mannschaft erst um 22 Uhr vom Landurlaub zurückkäme und wir ruhig noch einmal in die Stadt zurückfahren und einen letzten Jerez in der Neptun-Bar auf der Plaza trinken könnten. So gut und billig bekämen wir ihn in Teneriffa bestimmt nicht mehr.
Auf der Rückfahrt zur Stadt bemerkte ich dann die Lichterreihen der Festbeleuchtung auf den vier Decks der »Compostela«, wenige hundert Meter weiter am nächsten Pier. Das Garagentor stand so einladend offen, daß ich den Wagen sofort in die Kolonne einreihte, die davor Aufstellung genommen hatte. Die Autofähre war bei weitem nicht ausgebucht – das würde sie erst am nächsten Tag auf der Fahrt zum Festland sein – doch dauerte es trotzdem eine Weile, bis sich der Kapitän, dem mein Wunsch, mitzufahren, vorgetragen worden war, entschloß, seinem Kollegen von der Pina zwei Passagiere wegzunehmen.
Wer an diesem Abend die Möglichkeit hatte, fuhr auf die Mole hinaus, um noch rasch der »Compostela« nachzuwinken und bei dieser Gelegenheit einige Freunde zu treffen oder ein Geschäft zu besprechen. Das Getriebe am Schiff und auf der Mole war fast beängstigend. Es sah so aus, als wäre zur Verabschiedung eines jeden Passagiers eine zweihundert Köpfe zählende Verwandschaft gekommen.

Bei einem Glas Bier versuchte mich schließlich einer der Offiziere in der Cafeteria des Schiffes in die Geheimnisse des Fahrplanes der »Transmediterranea« einzuweihen. Ich wußte aber schon, daß – um keine der beiden Hauptstädte von Spaniens atlantischen Provinzen zu deklassieren – in jeder zweiten Woche bei den Linien nach den Inseln der Zielhafen wechselt. Einmal kommt Las Palmas zuerst, in der nächsten Woche Santa Cruz de Teneriffa. Ebenso findet die Abreise einmal von Barcelona, dann wieder von Cadiz aus statt. Bei diesem Gespräch erfuhr ich auch manches über die großen Pläne, die man zur Verbesserung der Schiffsverbindungen nach den Inseln hat. Ein neues 10 000-Tonnen-Schiff soll für die Expreßroute Barcelona–Las Palmas eingesetzt werden und durch Preisnachlässe für mehrköpfige Familien und Autos mit Wohnanhängern sollen die Caravanfahrer und Motortouristen besonders angelockt werden.
Inzwischen haben bereits zwei Bugsierschiffe den 140 Meter langen Rumpf der »Compostela« zwischen den beiden Molen gewendet. Die sechs starken Dieselmaschinen beginnen zu arbeiten und unter dem Gebrüll der am Pier Zurückbleibenden nimmt die »Compostela« Kurs auf den Hafenausgang. Sechzig Meilen sind es nur bis Santa Cruz.

JOHN HILLABY

In die Wüste hinein
(1963)

Ich werde immer an North Horr denken, an den Süßwasserteich, die Blätter der Dumpalmen, die wie Spielzeugwindmühlen klapperten, und an meine wiedergewonnene Freiheit. Ich konnte herumlaufen und tun, was ich wollte. Nachdem ich ein paar Tage mit dem Wildhüter in einem Geländewagen auf Einkaufstouren gewesen war, sagten wir einander Lebewohl, und jeder kümmerte sich wieder um seine eigenen Angelegenheiten. Er hatte eine Verabredung in der Nähe der äthiopischen Grenze; seine Askaris waren nach Marsabit zurückkommandiert worden, und er verschwand wie er gekommen war, in einer Staubwolke. North Horr leerte sich. Berittene Polizei fegte auf Kamelen aus ihrer Kaserne. Man munkelte von fernen Aufständen zwischen den Gabbra und den Boran wegen der Abtrennung der Somali. Am Tag unserer Ankunft machte sich ein sympathischer kleiner Priester startbereit für seine selbstgewählte Aufgabe, die Rendille von der Verherrlichung der Kuh zur Verherrlichung des christlichen Gottes zu bekehren. Ich brütete über einer großen, tristen Karte und stellte fest, daß ich als einziger keinem bestimmten Ziel zustrebte.
Da ich nun schon fast fünf Monate unterwegs war, erwog ich, in Richtung Süden zu ziehen, um in absehbarer Zeit wieder nach Wamba zu kommen. Ich konnte nicht direkt und ohne Eskorte an die Alliabucht zurück, ohne Ärger mit dem Ortskommandanten heraufzubeschwören. Doch wollte ich noch etwas mehr von dem See sehen. Auf unserem verhältnismäßig kurzen Weg vom Serimapfad bis zur Bucht war ich von den unwirtlichen Verhältnissen des Ostufers eingeschüchtert worden; ich hatte das Empfinden, daß ich mit diesem ungestümen Land

noch nicht fertig war. Ich wußte, daß ich mit den schlimmsten Stürmen rechnen mußte, wenn ich bis zu den Vulkanen am Südufer des Sees gelangte. Thesiger hatte mir erzählt, wie er fast Schiffbruch erlitten hatte beim Überqueren dieses Stückes Erde auf dem Weg ins Turkanaland.

Ich beschloß, zum See zurückzukehren. Aber wie? Ich konnte meinen Weg nach Osten quer durch die Wüste Chalbi machen, bis an den Rand der Huriberge, und dann nach Süden abbiegen. Andererseits konnten wir aber auch in gemäßigterem Tempo und auf direkterem Wege auf das Balessa Kulal zugehen. Dies war das große lugga im Rendilleland hinter dem Mount Kulal, und ich rechnete mir aus, daß wir vier oder fünf Tage brauchen würden, um den »offenen Busch« – wie man dieses Gelände lakonisch auf der Karte bezeichnete – zu durchqueren. Die Männer wollten mich dazu überreden, einen anderen Weg zu nehmen, aber ich durchschaute sie. Sie dachten weniger an die Härte des Wüstenmarsches als an das Fleisch und die manyattas, die sie versäumten, wenn wir uns nach Osten wandten.

Der Blick über die Wüste Chalbi vom Funkraum des Polizeipostens aus war alles andere als ermunternd. Zum größten Teil verschwamm die Chalbi in endlose Fernen aus Sand und Himmel und wurde nur durch den milchigen Streifen einer Luftspiegelung am Horizont begrenzt. Aus der Nähe betrachtet, war die Oberfläche dunkelbraun und ganz eben, wie ein Acker, der im Frühling gepflügt und geeggt worden ist. Hier und da linderten leuchtend grüne Salzbüsche die Trostlosigkeit, aber die Vegetation beschränkte sich auf den Vordergrund. Weiter draußen flimmerte der undeutliche Umriß der Huriberge in der Hitze, und der Sand hatte einen metallischen Glanz. Ich entdeckte sofort sichtbare Wahrzeichen gegen Süden, das heißt gegen die Wasserquellen von Woroma und den Ursprung des Balessa Kulal, aber ich lehnte – wenn auch mit einigen Bedenken – diesen Weg ab, als eine schon zu oft begangene Richtung.

Die Kamele machten mir Sorgen. Der Wildhüter hatte versucht, mir auszureden, an das Südende des Sees zurückzukehren. Er

Der Zügel wird beim Kamel
durch die Nasenlöcher
geführt ...
Somali sind
männlich schön
Kamel mit
Kopfschutz

meinte, es sei unwahrscheinlich, daß die Kamele den Weg über die Lavafelder überstünden. Da die Kamele, die wir in Rodosoit bekommen hatten, ihm gehörten, wäre es weder einfach noch höflich gewesen, die besten mitzunehmen. Ich sagte, daß ich bereit sei, wenn wir den See erreichten, die Tiere an einem Standortlager zurückzulassen; wir würden dann versuchen, wie weit wir zu Fuß ins Turkanaland kämen, das heißt, wenn wir unser ganzen Gepäck selbst trügen. Ich sagte nicht, daß ich daran dachte, quer durch die Wüste Chalbi zu laufen. Diese Tatsache machte meine Lage schwierig. Er nahm an, daß wir den leichteren Weg nehmen wollten und bat mich, die sieben erschöpften Tiere, die er von einem Rendillehäuptling irgendwo in der Nähe des Balessa Kulal gemietet hatte, zu übernehmen. Dort könnten wir dann frische Tiere für den Rest der Reise mieten. Ich konnte nicht ablehnen. Zu meinem tiefen Bedauern wurden die honigfarbenen Tiere, die uns so gut gedient hatten, abgeführt, und uns blieben wieder nur ein paar Krüppel. Ich konnte aber auch zwei der anderen Tiere behalten; eins davon war das kleine weiße, mein Lieblingstier. Obwohl wir dadurch insgesamt neun Kamele hatten, waren mindestens drei unfähig, eine normale Last zu tragen.

Am Abend vor unserem Aufbruch saß ich auf der Veranda des Blockhauses und beobachtete, wie die Farbe allmählich aus der Wüste sickerte. Als ich in der Dunkelheit nichts mehr sehen konnte, rief ich nach Lampen, aber die lockten solche Scharen von Insekten an, daß ich lieber im Schatten sitzen blieb und die losen Enden eines ausgefransten Seils flocht, mich auf die Fledermäuse als Insektenvertilger verlassend.

Am nächsten Morgen brachen wir sehr früh auf und marschierten sechs Stunden lang wie auf Blätterteig. Der Sand war von einer dünnen Kruste überzogen, in die die Füße einsanken und zurückglitten, nicht weit genug, um die Waden anzuspannen.

Nach meinen Erfahrungen mit Lava, Dornbüschen und dem feinen Kies des Sees hätte ich gedacht, daß das Laufen mir keine Probleme mehr stellen könnte, aber in der Chalbi mußte ich mir einen schlurfenden Gang aneignen. Die Männer schleppten buchstäblich ihre Füße, ohne große Anstrengung. Sie waren auch viel geschickter als ich im Auffinden hellfarbiger Stellen im Sand, wo der Boden verhältnismäßig fest war.

Lelean führte, vorausschreitend mit stolzer, zuversichtlicher Miene. Ihm folgte im Abstand von fünfzig Metern Goiti, der die drei ersten Kamele führte. Karo war dicht hinter ihm mit den nächsten drei. Sie waren unsere besten Tiere und trugen die Grundrationen, hundertfünfzig Liter Wasser und meinen Stuhl und Tisch, sorgfältig in Säcke gewickelt. Mezek und ein junger Somali namens Sidi, der als Führer mitgekommen war, kamen zuletzt mit zwei unbeladenen Kamelen und dem kleinen weißen, das sehr wenig trug. Die unbeladenen Kamele hatten sich noch nicht von der Reise zur Alliabucht erholt, und ich wollte sie wenigstens ein paar Tage in Reserve halten. Eins hatte eine große offene Stelle am Kamm des Höckers. Es war eine üble Wunde, die nicht auf eine antibiotikahaltige Augensalbe ansprach, wie es andere Verletzungen getan hatten. Das andere Kamel war lahm und müde.

Sidi erwies sich als völlig unbrauchbar. Abgesehen von dem Pfad zwischen North Horr und Marsabit, kannte er praktisch nichts von der Wüste, und für einen Somali konnte er nicht einmal gut mit Kamelen umgehen. Ich bestimmte, daß derjenige, der die Tiere verdrosch, sie während der Mittagspausen zu betreuen hätte. Das war eine unbeliebte Aufgabe. An und für sich war Goiti dafür verantwortlich, aber da er genausoviel wie alle anderen arbeitete, wurde ein bestimmter Turnus für dieses mittägliche Hüten aufgestellt. Die Mißhandlung von Kamelen scheint für die Samburu und die Rendille charakteristisch zu sein, und es war eine unerwartete Entdeckung für mich, daß der Somali genauso schlimm wie die anderen war. Drei unserer Tiere waren mit Kopfhalftern ausgestattet, das heißt, das Kopfseil war in einer losen Schlinge um ihre Kiefer gelegt und wurde am Halsband befestigt. So konnten die Kamele gemächlich kauen. Tiere mit Kopfhalftern waren viel glücklicher dran als die, die eine Schlinge über Zunge und Unterkiefer hatten, aber sie waren nicht so leicht zu führen. Kamele, die mit der teuflischen Kandare aufgezäumt waren, konnten mit einem leichten Ruck zum Niederlegen gebracht werden; die Kandare schnitt in die Lippen, die Zunge war oft verletzt, und es machte mich krank, die Kopfseile von blutigem Schaum befleckt zu sehen. Ich probierte das Kopfhalfter an ihnen aus, aber sie waren es nicht gewöhnt, daß man sanft mit ihnen umging; sie waren so trainiert, daß sie nur auf grausame Gewalt reagierten. Die Männer belustigten sich über meine erfolglosen Versuche, die Tiere durch ein wiederholtes »Toa! Toa!« zum Knien zu bringen. Das einzige, was ich tun konnte, war aufzupassen, daß die Schlinge nicht so fest war, daß sie in die Lippen schnitt; ich verbrachte einige Zeit damit, die schlüpfrigen, nassen Schlingen mit einem Knoten ungefähr fünf Zentimeter unter dem Kinn unverstellbar zu machen.

Ein launischer Wind erhob sich am Nachmittag, und ich bemerkte mit einiger Besorgnis, daß auch der Sand aufwirbelte. Die Luftspiegelung am Horizont wechselte von einem milchigen Weiß zu Orangerot, aber da die Wolke weder näher kam, noch an Größe zunahm, vermutete ich, daß der Staub von einem Querwind nach Norden getrieben wurde. Von Zeit zu Zeit erfaßte uns eine Bö, die mal von Osten und mal von Süden kam. Da der größte Teil der Wüste Chalbi durch die östlichen Winde eingeebnet worden zu sein scheint, die aus dem Innern des North Frontier District hineinfegen, wirbeln die weniger häufigen südlichen Böen den losen Sand zu tanzenden Staubteufelchen hoch. Manchmal sogar wurden sie von den Füßen der Kamele aufgewirbelt und tanzten davon. Bei Erreichen einer gewissen Stärke fiel der Wirbel entweder in sich zusammen, oder er wuchs weiter an. Das hing davon ab, ob er auf einem losen oder einem verkrusteten Untergrund tanzte. Ich fand, daß meine Sonnenbrille die Wolken überdeutlich machte. Sie betonte ihre meist nur verschwommenen Umrisse und ließ sie in ihrer Konsistenz dichter erscheinen, als sie in Wirklichkeit waren. Während einer besonders heftigen Bö schien es, als ob ein Heer von Geistern um uns aufgestanden sei. Der Himmel verdunkelte sich, und die blaßen Wolken wurden bleigrau. Goiti seilte die Kamele ab, und als das Leittier scheute, ließ er sie sich niederlegen. Eine halbe Stunde verging, bevor wir unseren Weg fortsetzen konnten. Während ich auf dem heißen

Sand kniete und den Rücken der vollen Kraft des Windes ausgesetzt hatte, beobachtete ich einen großen Mehlwurmkäfer, der sich durch den Sand arbeitete, als ob er sich dagegen wehrte, für immer begraben zu werden. Mir selber war nicht anders zumute.

Nach einem Weg von drei Stunden gelangten wir in der Abenddämmerung in den Schutz einer Lavawand. Es war eine rauhe Herberge, aber der offenen Wüste, wo mich ein Gefühl der Nacktheit überwältigte, durchaus vorzuziehen. Während die Männer nach Holz suchten, zog ich mich an der Lavawand hinauf und stellte fest, soweit ich dies in der Dämmerung erkennen konnte, daß der braune Sand dicht gepackten Lavablöcken gewichen war. Wir hatten offensichtlich eine schmale Ausbuchtung der Wüste Chalbi überschritten, und ein weiteres Vordringen nach Osten wäre unklug, wenn nicht unmöglich gewesen mit den kranken Tieren. Ich ging zum Feuer zurück, aß etwas Reis und Corned beef und dachte bei mir, daß dies kein guter Platz für einen längeren Aufenthalt sei. Wenn wir zwei Tage lang gemächlich am Rand der Lavawand entlang marschierten, würden wir wahrscheinlich zu den Kalachaquellen gelangen, die vierzig bis fünfzig Kilimoter nach Südosten lagen, und dort würden wir frisches Futter und Wasser finden. Sollte der Weg beschwerlich werden, dann konnte ich immer noch umkehren und so weit zurückgehen, bis wir auf den Verbindungspfad zum Balessa Kulal träfen. Jetzt verstand ich allmählich die Verwunderung derer, die gesagt hatten, wir begäben uns auf eine Reise, die nirgends hinführte. In jener Nacht schlief ich im Sand. Mezek hatte Magenschmerzen, weil er in North Horr zuviel Fleisch gegessen hatte, und ich selbst war zu müde, um mein Bett aufzustellen.

Ein Knall wie von einem Gewehrschuß weckte mich zweimal auf. Ich erinnerte mich dunkel, daß der Wildhüter mir etwas über Angehörige des Hamarkokestammes erzählt hatte, die von den Bergen im Westen des Stefaniesees her eindrangen; darum sprang ich auf und überlegte, ob wir das Feuer löschen wollten. Lelean war schon auf den Beinen. Er starrte einen Augenblick in die Dunkelheit und sagte dann, es wären »die großen Steine«. Wenn Lava abkühlt und sich zusammenzieht, dann springt sie mitunter. Dem zweiten Knall folgte eine Lawine von Felsbrocken, die um uns herum schepperten, bis sie zum Liegen kamen. Wir waren zu weit entfernt von der Lavawand, als daß uns Gefahr gedroht hätte, aber nur ein glücklicher Zufall hatte uns dazu geführt, im Freien zu nächtigen. Ich rollte mich wieder zusammen und schlief bis vier Uhr, dann stand Goiti auf und führte die Kamele heran. Er bearbeitete sie wie gewöhnlich, und ich schalt ihn wie gewöhnlich — aber vergeblich. Er konnte nicht begreifen, daß Kamele aufstünden, ohne erst einen kräftigen Schlag auf das Hinterteil zu bekommen ... In einer halben Stunde brüllten und rülpsten sie alle, und ein neuer Tag hatte begonnen.

ECKART PETERICH

Auf der Insel Hydra
(1962)

Hydra heißt eine griechische Insel. Hydra hieß aber auch ein abscheuliches Ungeheuer, das Herakles erschlug: eine Tat, die zu seinen zwölf berühmten Taten gehört. Diese Hydra hauste im Sumpf von Lerna, in der Peloponnes, nicht allzuweit von berühmten Orten wie es Argos und Mykenai sind. Als ich ein ganz junger Mensch war und einige Zeit lang in Athen lebte, verwandte ich viel Zeit und Mühe darauf, Stätten aufzusuchen, die in der griechischen Mythologie eine Rolle spielen; denn ich war zu der Überzeugung gekommen, man verstehe die griechischen Sagen, mit denen ich mich beschäftigte, weit besser, wenn man die Orte kenne, die ihre Schauplätze waren. So machte ich mich denn eines Tages auf, die Orte zu besuchen, an denen Herakles seine zwölf Taten vollbracht hatte, soweit sie nicht, wie zum Beispiel die Unterwelt, in der er den Höllenhund Kerberos erschlug, für Sterbliche unzugänglich sind.
Auf dem Reiseplan stand natürlich auch der Sumpf von Lerna mit dem Ungeheur Hydra darin. Das Schiff aber, das mich in die Peloponnes und meinen mythischen Zielen näher bringen sollte, brachte mich zunächst nach der Insel Hydra. Als wir, vom Piräus kommend, eben das nordöstliche Vorgebirge der Peloponnes umschifft hatten, erhob sich plötzlich vor uns ein langer, hoher, steiler, zerklüfteter Bergrücken, der mir selbst im kahlen Griechenland als besonders kahl auffiel. Ich sah kaum menschliche Behausungen darauf. Als wir aber näher kamen, zeigte sich in einer kleinen, runden Bucht, die einen trefflichen Hafen bildete, eine wunderschöne Stadt mit großen, lichten, palastartigen Bauten, wie man sie sonst in Griechenland nirgends sieht, mit vielen Kirchenkuppeln und Glocken-

türmen, mit Windmühlen auf den sie umgebenden Höhen und weißen Klöstern auf den sie steil überragenden Bergen.
Aber unser Schiff glitt vorbei. Ich sollte die Insel Hydra 30 Jahre hindurch nicht wiedersehen. Dagegen gelangte ich glücklich in den Sumpf von Lerna und stellte fest, daß Herakles die Hydra wirklich erschlagen hatte – die Mythologie lügt nie! –, denn es war nichts mehr von dem Ungeheuer zu finden.
Vor einigen Jahren kamen wir, meine Frau und ich, nach Hellas. Meine Frau kannte das Land noch nicht. Zu Griechenland aber gehört – ein Blick auf die Karte beweist, wie wahr das ist –, daß man auch eine oder mehrere seiner kaum zählbaren Inseln besucht. Da kam mir Hydra in den Sinn, an dem ich vor so vielen Jahren vorbeigedampft war.
Am Tage darauf betraten wir in jenem kleinen Hafen die Insel, quartierten uns dort für einige Tage ein. Vielleicht werden sich manche meiner Leser wundern, wenn ich ihnen sage: ich liebe die Kahlheit der griechischen Berge und Inseln. Ich liebe sie auch dann, denke mit Sehnsucht an sie, wenn ich den Blick von meiner Wohnung hoch über dem Waginger See in Oberbayern über leuchtend grüne Wiesen und saftiges Waldgrün schweifen lasse.
... Ich fragte einen Hydrioten nach dem Grund dieser erstaunlichen Entwaldung, dieser Vegetationslosigkeit. »Schau«, sagte er, »früher war Hydra waldreicher als irgendeine andere griechische Insel; wir hatten dichteren Schatten, und unsere Quellen flossen üppiger als irgendwo sonst. Da kam der Herakles nach Lerna und wollte die Hydra töten. Er behauptete zwar, er habe sie getötet, aber in Wirklichkeit hat er sie nur verwundet und verjagt. Sie aber floh übers Meer und versteckte sich in unsern dichten Wäldern und fraß unsere Herden und manchmal auch unsere Kinder und unsere Großmütter. Da haben wir den Wald angezündet und die Hydra ausgeräuchert. Aber seitdem, wirst du verstehn ...«
Ich bestellte für uns beide beim Kaffeehausbesitzer einen Zacharobaklawa. Das ist eine Art von Mandelpaste. Die Mandeln, die man dazu braucht, wachsen auf Hydra. Es gibt also doch Bäume. Im Februar ist die Insel ganz rosig von ihren Blü-

Insel
Hydra

ten. Die Häuser sind entweder weiß, wenn man sie nämlich weißelt, oder silbergrau bis blaugrau, wenn man den örtlichen Kalkstein, aus dem sie gebaut, ungeweißelt läßt. Große Paläste – ich gebrauche das Wort im italienischen Sinn, wie palazzo – aus alter Zeit gibt es aber eigentlich nur auf Hydra. Das hat einen besonderen Grund, einen historischen. Diese Insel, die im Altertum so gut wie gar nicht erwähnt wird, von der man im Mittelalter und bis in die neueste Zeit hinein nie reden hört, hat nämlich um die Wende vom achtzehnten zum neunzehnten Jahrhundert Dinge erlebt, von denen jedes griechische Schulkind zu erzählen weiß ...

Wir unternahmen eine Wanderung an der Westküste. Solange der vollkommen schattenlose Saumpfad am Wasser entlang führte, machte eine Brise die Hitze erträglich. Dennoch war die Feldflasche bald leer. Dann zwang eine steil in die See abfallende Felswand unsern Weg, ins Inselinnere abzubiegen. Er führte nun über fast senkrecht stehende Kalkplatten. Wir gingen darum wie auf steinzeitlichen Äxten. Jeden Schritt bedrohten jene langstachligen Dornbüsche, von denen es heißt, Christi Krone sei daraus geflochten worden. Sie waren dunkelgrau gebrannt, sahen aus wie Stacheldraht. Kein Hauch, die leere Flasche, nicht einmal mehr die Augenerfrischung des Wellenblaus. Ringsum kahle Felsenberge: ein glühender Kessel, darin einige spärliche Bäume, die so gräßlich schrien, daß uns die Ohren wehtaten – eigentlich schreien die Zikaden darin, doch die sieht man nicht. Im schütteren Schatten einer Elendskiefer stand ein Esel, hob das Maul vom unfreßbaren Stachelbusch, schaute uns tieftraurig an, aber aus dem Schatten wagte er sich nicht heraus, obwohl in der Nähe ein Kapernbusch noch etwas grünte. Gerne hätten wir uns zu ihm gesellt, doch der Durst trieb uns weiter. Unter uns immer schärfere Steinäxte, weil der nun steil ansteigende Weg bei Gewittern auch als Bachbett gedient und der Regen alle Kanten geschliffen hatte.

Dann unter schreienden Mandelbäumen ein paar verschlossene Häuschen, die nur zur Zeit der Mandelernte bewohnt werden. Beängstigende Einsamkeit. Doch endlich wieder ein Blick auf das Meer. Immer in Griechenland wie bei Xenophon das: Tha-

latta! Thalatta! Das ermutigt zu schwerem Abstieg durch Stein und Stachelqual. Nun stehen wir an einer kleinen, holden Bucht. Trinkwasser? Ein kühlendes Bad? Die drei Häuser sind deutlich bewohnt, aber fest verschlossen. Siestastunden. Und das Kieselufer ist so dicht von spitzstacheligen Seeigeln bewohnt, daß man keinen Fuß ins Wasser setzen kann. Doppeltantalisch. Da, unter einer kreischenden Fichte ein bettuchgroßer Schatten. Kaum haben wir uns hineingehockt, sind wir mit beißenden Ameisen bedeckt. Flucht in die Hitze. Aber wirklich, was kann man sich Schöneres denken als diesen Blick über den tiefblauen Sund auf die argivischen Sonnenberge? Dann, nach Stunden öffnen sich Türen. Wasser. Ein Boot, das über die Seeigel hinweg ins Tiefe gleitet, wo man schwimmen kann. Doch der Bootsmann warnt: nicht zu weit wegen der Hai- und Schwertfische. Wir schwimmen einigen Quallen aus dem Weg, die, wenn man sie berührt, wie Nesseln brennen.
Wie hart kann das Leben in diesem Lande sein, wie schrecklich! Wie weit die Milde Italiens, heimatliche Waldeskühle! Das ist das Griechenland des panischen Schreckens, der versteinernden Medusa. Aber der Weg zu der ganz großen griechischen Schönheit führt durch dies Schreckliche mitten hindurch ...

ERIK G. WICKENBURG

Frühlingsreise zu Mozart
(1961)

Das dürftige Grün und die zarten Lüfte, die ein von allzu kurzer Lebensdauer überschattetes Frühjahr ankündigen, mögen manchen zu einer Reise eigener Art verlocken, die sich vom Üblichen abhebt; was unsere Vorväter eine Bildungsreise nannten, ist heute weithin in Vergessenheit geraten. Hätte es nicht einen besonderen, stillen Reiz, einmal den Spuren eines Großen zu folgen, aber nicht nur, indem man den Ort seines Wirkens oder etwa sein Grab aufsucht, sondern sein Bild von den Wurzeln bis zur Krone zu verfolgen? Natürlich weiß man alles schon genau vorher. Man hat sich nicht vergebens von der tüchtigen Fernsehkamera informieren lassen. Dennoch soll die Behauptung gewagt werden, daß man immer noch etwas dazulernen kann.

Als Objekt für den Versuch diene das äußere Dasein eines der Größten dieser Erde, eines Mannes überdies, der mit dem Frühling die Tragik eines nur knapp bemessenen Erdenwandels teilt: Johannes Chrysostomus Wolfgang Gottlieb Ritter von Mozart – unter welchem Namen ihn nicht jedermann kennen wird. Den so treffenden Vornamen Chrysostomus, »Goldmund«, hat er abgelegt wie den Johannes; hinwiederum ist der Wolfgang erhalten geblieben und aus dem Gottlieb der uns allein geläufige Amadeus geworden; was aber den Ritterstand anbelangt, so kann sich Mozart auf den Ritter von Gluck berufen, der seinen sogar etwas niedrigeren Grad des päpstlichen Ordens vom goldenen Sporn solcherart ehrerbietig in seinen Namen aufnahm. Mozart führte den Titel ein einziges Mal, und zwar recht spaßhaft in einem Briefe an seinen Vater mit dem vielsagenden Datum 22. II. 77, wo er sich unterzeichnet:

Ritter des goldenen Sporns
Sobald ich heirat', des doppelten Horns.

Sonst war er eben schlicht der Mozart und hatte es dabei freilich leichter als Grillparzer; denn dieser konnte sich nicht vorstellen, daß ein so sonderbarer Name, der an Grillen und Parzen anklingt, jemals berühmt werden könnte. Mozart — das ist schon im Klang wohltuend, im Sinn der zweiten Silbe wunderschön; der Name beruft Akkorde und Arien, die Poesie des Rokoko und des Hammerklaviers, er hat Glanz und hohe Glorie. Und er läßt vergessen, daß er seinem Träger nur fünfunddreißig Jahre gedient hat. Man sagt, ein Genie sterbe, wenn es mit seinem Werk am Ende sei; nicht eher, nicht später. Wer will es beweisen?

»Ich lege mich nie zu Bette, ohne zu bedenken«, schrieb der noch junge Mozart an seinen Vater, »daß ich den andern Tag vielleicht nicht mehr sein werde; und es wird doch kein Mensch von allen, die mich kennen, sagen können, daß ich im Umgange mürrisch oder traurig wäre; und für diese Glückseligkeit danke ich alle Tage meinem Schöpfer ...« Den Tod vor Augen, war er heiter bis zur Ausgelassenheit; das mag jenen, die Fröhlichkeit für Unernst halten, ein Gruß und eine kleine Hilfe zum bessern Leben sein. Ganz so, wie er den Satz beendete: »... diese Glückseligkeit wünsche ich von Herzen jedem meiner Mitmenschen.«

Wer wollte bestreiten, daß Augsburg, mindestens im gegenständlichen Sinne, Mozarts Vaterstadt sei? Nun, das Konversationslexikon von Meyer, 1897, schreibt: »Leopold M. (geb. 14. Nov. 1719 in Salzburg, gest. 28. Mai 1787).« Vielleicht hat es aber, ähnlich der weissagenden Pythia, nur ein Komma anders gesetzt, wodurch Mozarts Vater zum Salzburger wurde. Mozart ist heute im Telefonbuch von Augsburg zweimal zu finden; auch gibt es außer dem Mozarthaus, wo Leopold geboren wurde, ein anderes, das dem Zigarrenhändler Mozart gehört. Der ist allerdings kein Verwandter. Hinwiederum lebt noch die Witwe Caroline Grau, die Mozartisches Blut in den Adern hat. Ihr Mann war Verschubarbeiter bei der Deutschen Bundesbahn, und seine Konduitenliste, die der rege Bürger-

meister Dr. Wegele ausgehoben hat, weist eine ganz hübsche Zahl kleiner Disziplinarstrafen auf.
Sechshundertmal ist der Name Mozart in Augsburg und Umgebung nachgewiesen, er geht bis ins fünfzehnte Jahrhundert zurück. Alle nähern Vorfahren Mozarts zeigen eine merkwürdige Ähnlichkeit im Beruf: Baumeister vor allem, Bildhauer — ein Michael in Wien —, Maler und Buchdrucker. Allein der Vater war musischer. Aber: hätten die reichen Fugger einst nicht echten sozialen Sinn bewiesen, so wäre am Ende Mozart niemals zur Welt gekommen. Sein Urgroßvater nämlich war aus der Bau-Innung ausgeschlossen worden, weil er einen Henker hatte begraben helfen. Er kam durch die gewiß gut gemeinte Tat ins Unglück und mußte Zuflucht in der »Fuggerei« suchen, jener einzigartigen Wohnsiedlung, die ausschließlich bedürftigen Augsburgern vorbehalten war und ist; die Jahresmiete war mit 2 Rheinischen Gulden festgesetzt und beträgt heute 3,42 DM.
Hier also, in der Stadt der Fugger und des großen Architekten Elias Holl — Erfinder des Zwiebelturmes übrigens, der in seiner Konzeption nichts anderes war als ein Symbol für die Kerze —, in diesem sehr urbanen, hellen, durch reichsstädtische Tradition verfeinerten Klima ist Leopold Mozart aufgewachsen. Er verließ Augsburg als Achtzehnjähriger, ging nach Salzburg auf die Universität und wurde dort wegen notorischer Faulheit relegiert, was ihn nicht hinderte, der Stadt treu zu bleiben und sich als Musikus niederzulassen. In diesem Beruf brachte er es denn auch zu einigem Erfolg und zu einem gutbürgerlichen Haushalt, dem sieben Kinder geschenkt wurden, von denen nur zwei, Gangerl und Nannerl, am Leben blieben. Er verfaßte eine namhafte Violinschule und gab das Komponieren später ganz zugunsten seines Sohnes auf.
Seines in Augsburg verbliebenen Vetters Kind war das vielgenannte »Bäsle«, dem sich Wolfgang Amadé über Gebühr widmete, als er Augsburg besuchte, und das er mit jenen kaum mehr derb, schon eher pathologisch zu nennenden Briefen bedachte, die man lange nicht im Original zu veröffentlichen gewagt hat. Die Frage, ob die Beziehung der beiden das Ver-

wandtschaftliche überschritten habe, wird heute von der Wissenschaft verneint; die Briefe selbst geben fürwahr keinen Anhalt für eine Liebesbeziehung. Daß das Bäsle nicht nein gesagt hätte, wenn ihr ein Heiratsantrag gemacht worden wäre, scheint hingegen erwiesen. Sie sagte auch später nicht nein zu einem Manne, der zum Zölibat verpflichtet war; der Akt über die Geldbuße, die von den beiden wegen »fleischlicher Verfehlung« erlegt werden mußte, ist erhalten. Für diese gab es nämlich einen lebendigen Zeugen. Doch heiratete das Bäsle am Ende brav und erreichte ein ehrwürdiges Alter.

Eine Mozartkugel liegt auf dem Nachtkästchen im Hotel. In Zusammenarbeit mit einem Seifenkolibri und einem Blumensträußlein stellt sie die Gastfreundlichkeit der Mozartstadt Salzburg unter Beweis. Hier hat die getreue Ehegefährtin vom Wolfgangsee dem Augsburger Musiker Leopold den kleinen Wolfgang geboren; aus deutschen und österreichischen Wurzeln ist der zarte Stamm aufgewachsen, dessen Krone sich dann noch weiter östlich, in der Haupt- und Residenzstadt Wien, entfalten sollte.

Salzburg ist die Mozartstadt par excellence, man braucht sie kaum vorzustellen. Hier stand die Wiege in der Getreidegasse; der Platz ist mit einem füglich in vier Sprachen verfaßten Hinweis in der Wohnung der Mozarts gekennzeichnet. Die Wiege selbst aber fehlt. Der Platz ist leer wie jene Stelle, die man in Wien als Mozarts Grab bezeichnet: Phantasie und Ehrfurcht müssen das geistige Bild schaffen. Das »Klavierl« daneben mit seinen wenigen Oktaven gibt da viel handgreiflicher Kunde, auch die Geige, auf der der Kleine gegen den Willen seines Vaters im Quartett mitspielte. Recht leise, damit er nicht störe, war ihm befohlen worden. Aber bald verstummten die andern Instrumente vor dem reinen Klang, den das Kind aus den Saiten holte.

Es war im Hagenauerschen Haus, und heute noch weist das Schild des Delikatessenladens nebenan den Namen Hagenauer auf. Der Sohn des Hauses, Cajetan, Mozarts Spielgefährte, tat ihm einen tiefen Schmerz an: Er trat in das Kloster St. Peter ein. Zu seiner Priesterweihe komponierte Mozart dann die Dominikusmesse. Und der Jugendfreund sollte sich noch sehr bewähren.

Er wurde der Retter Altsalzburgs, da er als Abt von St. Peter die napoleonische Besatzung zu zügeln wußte.

Mozarts Erfahrungen mit dem Salzburger Erzbischof Hieronymus Graf Colloredo sind bekannt; ihr Äußerstes erreichten sie bei einem Wiener Aufenthalt des Salzburger Hofes, wo Mozart mit den Domestiken zu Tische saß und endlich den berühmten Fußtritt erhielt, den auch die hektischsten Bemühungen nicht ungeschehen machen können.

Sechzig Jahre später wurde in Salzburg das Mozartdenkmal errichtet, und anwesend war wiederum Wolfang Amadé Mozart — aber der Sohn. Er mußte die Erfahrung machen, daß sich die Salzburger nicht eben tief gewandelt hatten. Denn sie protestierten gegen die Aufstellung dieses »Götzenbildes«, wie der Weltreisende Matthias Koch berichtet. Wer wäre denn dieser Mozart? sagten die Salzburger, zu denen sein Ruf noch immer nicht gedrungen war, und Geschrei erhob sich, weil die Michaelsstatue, die bisher den Platz geziert hatte, wegverlegt wurde. Schmähschriften wurden verfaßt, lärmende Demonstrationen abgehalten; heute aber ist das Mozartdenkmal der Ort, wo alljährlich in feierlicher Weise die Festspiele vom österreichischen Bundespräsidenten eröffnet werden.

Und nicht wenige Nachgeborene haben festgestellt, so Hoffmannsthal oder Hesse, daß Salzburg die einzige Stadt ist, wo Mozart geboren werden konnte. Ihre wunderbare Schönheit hat über alles triumphiert. Wer auf seiner Bildungsreise unter ihrem so deutschen wie südlichen Himmel verweilt, dem wird nun tatsächlich der Genius der Musik spürbar entgegentreten, vergeistigt, sphärisch, über allem Allzumenschlichen schwebend. Die Luft ist erfüllt von italienischen Harmonien und Osterglanz.

In der Tat: Salzburg ist die Mozartstadt par excellence ...

Margit Wagner und Alois Fink

Coimbra – Portugal, gesehen durch eine Stadt
(1959)

Nach stundenlanger Fahrt von der spanischen Grenze nach Westen – immer fragt man sich: ist es möglich, daß in diesem geschlossensten Teil Europas auf dieser Iberischen Halbinsel, geschlossen vom Meer und Pyrenäen, ist es möglich, daß hier ein schmaler Streifen ein Land für sich ist, nicht nur politisch, sondern mit anderen Menschen, einer anderen Luft, einem anderen Boden, einem anderen Leben? Nach stundenlanger Fahrt von Spanien nach Westen, auf der Straße nach Coimbra, kamen wir einer der Windmühlen, die auf den Hügelkuppen stehen, so nahe, daß wir das Geräusch ihrer segelbespannten Flügel hörten. Bis dahin hatten wir sie immer nur kreisen sehen, hübsche Silhouetten, die vor einem blanken Westhimmel spielten – auf einmal hörten wir sie. Auf einmal fiel der Gesang eines unendlichen Flügelschlags den kahlen Hügel herab, und wir hielten an und horchten.
Der Gesang der Mühlen ist eines der großen Lieder Portugals. Je mehr wir das Land kennenlernten, später, um so mehr schien uns das Land der Windmühlen die Stimme des Landes zu sein.
In der Musik dieses Flügelschlags hörst du viel von Portugal. Du hörst das Heulen der Wölfe im Estrela-Gebirge, du hörst den klagenden Singsang bettelnder Kinder und vergangene maurische Lieder und den merkwürdigen, langhallenden Ruf der Frau in dem Bergdorf, das wir das Steinzeitdorf nennen, du hörst die Rufe der anderen, der Marktfrauen und Fischer, die dem Wind anvertraut werden, und das Lied des Windes, der einmal die leuchtenden Segel der großen Schiffe auf die Meere trieb, der jetzt in die schmalen Segelreste fällt, die zwi-

schen das Balkenkreuz der Windmühlen gespannt sind und sich nur noch im Kreise bewegen.
Wenn du dich eng an die Wand des Mühlenturms drückst, sausen die Schatten der schmalen Segel an dir vorbei und fallen dir, Schlag auf Schlag, hart ins Ohr. Der Flügelschlag eines Wesens, das sich nicht loslösen und erheben kann über die schwere Erde. Dir erscheint das Bild des Göpels in den verdorrten Feldern, du hörst Das-Im-Göpel-Gehen, um das Wasser heraufzuholen, das allein diese Erde fruchtbar macht.
Und jetzt, ganz dicht an der Mühle siehst du: die Spitzen der zwei übereinanderliegenden Balkenkreuze sind mit einem Seil verbunden, und an diesem Seil hängen kleine Gefäße aus gebranntem Ton, kleine, runde Krüge, aber statt mit Wasser und Wein füllen sie sich im Flügelschlag mit dem Wind und singen. Im Inneren der Mühle ist es dunkel, die Räder arbeiten, und das Korn knirscht. Eine schmale Holzstiege führt hinauf unter das Dach. Durch den Spalt fällt ein schmaler Streifen Licht, scharf umgrenzt von der Dämmerung, ein Messer aus flirrendem Staub, unter dem man sich beim Hinabsteigen unwillkürlich bückt. Vor der Tür steht ein Esel geduldig und wartet auf die Säcke. Er ist nicht angebunden.
Von jedem dieser Hügel aus hast du einen weiten Blick. Das Land ist gewellt. Jeder Fußbreit Boden ist beackert und bebaut, in strenger Ordnung stehen die Ölbäume an den Hängen, um jeden ist eine kleine Mauer gezogen, daß die Erde nicht abrutscht. Diese Erde ist tiefrot. Und in sehr geraden Furchen gepflügt, die hügelauf und hügelab gehen unter Kastanienbäumen vorbei und unter den Ölbäumen. So gerade kann nur der pflügen, der über den eigenen Acker hinaus sieht und einen Fluchtpunkt in der Ferne hat.
Die Straße entlang stehen Eukalyptusbäume; sie blühen und duften stark und bitter. Hibiskus blüht. Ebene Felder mit niedrigen Weinstöcken. Ringsum ist alles Land bebaut, aber du siehst keinen Menschen und kein Haus.
Doch immer wieder die weißen Türme der Windmühlen auf den Hügeln. Die Luft ist warm und weich — gestern hat es geregnet, den ersten Regen seit sechs Monaten. Jetzt beginnt

der portugiesische Frühling, jetzt im November. Ist das ein südliches Land? Es läßt sich nicht einordnen. Aber immerhin: unsere Vorstellung vom »Süden« ist oft recht kindlich.
Eine Landschaft, die wir nicht verstehen. Eine Landschaft, die fast alle Gewächse der Tropen kennt, und die ihrem Wesen nach doch unfruchtbar ist. Sie ist kahl, und hat doch, auch wenn sie unter einem wolkenlosen Himmel liegt, einen rätselhaften, unendlichen Vorrat an Schatten. Die rote und violette Erde, das graue Gestein, das glanzlose Grün der Ölbäume, der Eukalyptusbäume, der Korkeichen. Wenn die Stämme geschält sind, haben sie das gleiche Rot wie die Äcker. Die dunklen Trauerpalmen. Keine Zypressen, nur in Friedhöfen; überall sonst werden sie ausgerottet. Eine Landschaft, die mit einem eigenen, geheimnisvollen Schatten gegen die Sonne anstrahlt, mit einem Schatten, der aus der Tiefe aufzusteigen scheint, als wäre dort das Rot der Felder schwarz. Und auf dieser Erde die Wasserlosigkeit, das Kreisen des Göpels, die Leere in den Mühlen, darüber der sengende Nordsturm, der sechs Monate des Jahres gewiß ist, der Nordsturm, der alles Grün so glanzlos macht.
... Aber wir fuhren erst in das Land hinein, nach Lissabon, und an der Straße lag die Stadt Coimbra. Coimbra war für uns vorerst wirklich nicht mehr als eine Stadt an der Straße, eine Stadt, von der wir gerade wußten, daß sie die älteste Universität Portugals hat. Aber dann, in Lissabon und sogar bis hinunter in den Süden, tauchte immer wieder der Name Coimbra auf, in ganz verschiedenen Zusammenhängen. Wir besuchten die Gräber der portugiesischen Könige in Batalha — aber wo liegen die ersten Könige Portugals? In Coimbra. Wir fragten nach wichtigen Männern des Staates, nach ihrer Laufbahn und Herkunft, und immer wieder hören wir: ein »Mann von Coimbra«, so wie Salazar selbst als Professor von Coimbra geholt wurde, als das Land im wirtschaftlichen Ruin zu enden drohte. Von Coimbra holte er sich viele Männer seiner Regierung ... Und so wurde auf der Rückfahrt Coimbra unser eigentliches Ziel.
Wir kamen abends an. Von der Höhe sahen wir die Stadt am jenseitigen Ufer des Mondego. Unten das Flußbett, ein breiter,

weißer Sandstreifen, lag schon im Dunkel, darüber stieg die Stadt den steilen Berg hinauf, mit weißen Häusern, ineinandergeschachtelt, dazwischen Kirchen und Türme und oben, im letzten Licht, der Bezirk der Universiät. Ringsum die Hügel, die leuchtenden braunen und grünen Hügel, dahinter blaue Kuppen. Das Licht des Abends kommt vom Meer in Portugal.

Die Unterstadt von Coimbra ist ein Gewirr von kleinen Gassen und schmalen Gängen. Immer noch eine maurische Stadt. Nur mit Mühe fanden wir die eine Gasse, die für Autos passierbar ist. Wir fuhren langsam hindurch, nur eine Handbreit an Stoffballen vorbei, Passanten mußten in die Haustüren und Gewölbe zurücktreten, ein Obstkarren wurde fortgeschoben; alles geschah freundlich und ein bißchen langsam. Man winkte uns weiter, wir kamen hinaus auf den Platz, den wir suchten und an dem wir wohnten.

Jetzt ist es spät am Abend, elf, die Uhren schlagen durcheinander. Vor unserem Hotel stehen fünf junge Männer, es sind Studenten im ersten Semester, neu in Coimbra, die Vorlesungen haben gerade erst angefangen. Sie stehen im Kreis, haben sich an den Schultern umfaßt, die Köpfe geneigt und singen. Genauso sangen in Sines, im Süden, die Fischer am Abend. Jetzt gehen die Studenten die Gasse zum Fluß hinunter, aber sie singen weiter. Einen Augenblick sind sie im hellen Mondlicht, dann verschluckt sie der schwarze Schatten einer Mauer. In den schmalen Durchlässen und auf den winzigen Plätzen, über die sie jetzt gehen, fängt sich ihr Gesang, und die hohen Wände der alten sechs- und siebenstöckigen Häuser werfen ihn zurück.

... Noch heute spielen die Studenten am Brunnen und in maurischen Höfen, vor den Fenstern eines Mädchens und auf den Stufen der Kathedrale. Sie singen den Fado: »O gosto de ser triste«; sie genießen das Traurigsein, sie beklagen in diesen Liedern, die klingen, als seien sie unter Tränen geschrieben und die sie mit schmerzlich zurückgeworfenem Kopf singen, die vergangene und verlorene Größe Portugals. Als der letzte König des Hauses Aviz, der junge Sebastian, zum Krieg gegen die Mauren aufbrach, fuhren seine Ritter guitarrespielend den Tejo hinab und aufs Meer hinaus. Als die Schlacht geschlagen, der König tot war und die Größe Portugals verspielt, da lagen auf dem Schlachtfeld verstreut Tausende zerbrochener Guitarren. Die Schwermut feierte den Sieg.

Was mir mein Geschick erkoren
läßt mich nie;
einzig kenn ich noch die Trauer,
denn für mich ist sie geboren —
ich für sie.

Marianne Langewiesche

Bei den Zigeunern
(1958)

Der Berg sah aus, als hätten ihn Ziegen kahlgefressen und ihn erst dann verlassen, als selbst für sie nichts mehr zu holen war. Ich wenigstens sah nichts als Staub, Kakteen und die kleinen Türmchen aus Zimt, die auf diesem Berg in Millionen Exemplaren, in höchster Unbefangenheit und zudem auf die simpelste Manier hergestellt wurden: die Kinder auf jeden Fall waren vom Bauch abwärts splitterfasernackt.

Noch aber sah ich die Kinder nicht, oder besser: noch hatten sie mich nicht gesehn, noch hatten sie mich nicht umringt, betastet, befühlt, gestreichelt, angebettelt; noch steckten sie ihre Rotznasen nicht in meinen Rock. Noch teilten sie mir weder ihr Lächeln noch ihre Läuse mit, und ihre bezwingende Anmut behielten sie noch ganz für sich.

Noch war ich allein. Nichts verriet mir, daß Menschen hier wohnten — als nur die kleinen Türmchen aus Zimt. Ich sah kein Haus, keine Hütte, keine Baracke, kein Zelt, keinen Telegrafenmast, keine Straße, keine Wege; nur Pfade, fußbreit, die senkrecht nach oben führten.

Eh ich den Versuch wagte, den Berg zu erklimmen, blickte ich noch einmal zurück: die zwei berittenen Gendarmen standen da, wie aus Bronze gegossen. Sie kamen mir vor wie antike Götter. Nicht weil sie nackt, nicht weil sie schön gewesen wären, sondern weil sie mich entlassen hatten, wie antike Götter den aus der Polis Scheidenden entließen. Wendete ich mich zum Gehen, würde ich rechtlos und schutzlos werden, wie jene es geworden waren.

Sie hatten mich gewarnt. Nur bis hierher durften sie mich begleiten; weiter nicht. Jenseits dieser Stelle hörte sogar ihre

Macht auf. Sie hatten mich beschworen, umzukehren. Ihre Pferde waren ungeduldig geworden. Ich auch. Sie nicht. Beim Sprechen und beim Bücherschreiben entwickeln die Spanier eine ungewöhnliche Ausdauer. Sie hielten mir vor, welche Gefahren mich erwarteten. Das mindeste war, völlig ausgeraubt zu werden. Mit dem Ruf der Zigeuner schien es schlecht bestellt.
Aber meine Neugier siegte über meine Angst. Ich überschritt die Grenze zwischen Granada und dem Sacro Monte, dem »Heiligen Berg« der Zigeuner. Ich überschritt sie wie von einem Druck befreit. Ich mochte Granada nicht. Der Grund war Isabella. Sie nicht mehr, aber ihr Geist und ihr Porträt waren mir in dieser Stadt allzu oft begegnet.
Als im Jahre 1469 Isabella von Kastilien Ferdinand von Aragonien geheiratet hatte, ging das Ehepaar gemeinsam an die Aufgabe, Südspanien den Mauren zu entreißen, den Herren des Landes seit 711. Es erreichte sein Ziel. Im gleichen Jahr, in dem Kolumbus Amerika entdeckte, mußte sich auch die letzte maurische Feste des Geistes, der Toleranz, der schönen Künste und der freien Wissenschaft ergeben; es war Granada.
Und das Christentum zog in Gestalt von Isabella und Ferdinand ein. In der Kathedrale Granadas ruhen die beiden von der Reconquista aus. In Stein gehauen liegen ihre Köpfe nebeneinander auf einem Kissen aus Stein. Isabellas Kopf ist etwas tiefer eingedrückt. »Warum?« fragte ich. »Nun, sie war gescheiter als Ferdinand, und darum war ihr Kopf schwerer«, lautete die übrigens sehr typisch spanische Antwort. Ja, Isabella war gescheiter, aber auch noch unduldsamer als Ferdinand. Böse Zungen sagen, die Holzarmut Spaniens käme von den vielen Scheiterhaufen, die sie errichten ließ, um alle Nichtchristen darauf zu verbrennen. Ich weiß nicht, wieviel Holz ein einziger Scheiterhaufen braucht; ich weiß nur, daß Abertausende errichtet wurden und auch abbrannten.
Es entflohen ihnen aber auch Tausende von Mauren über die schneebedeckten Gipfel der Sierra Nevada, zu deren Füßen die Toleranz für ewige Zeiten eingeäschert wurde.
In Granada sagten manche: im gleichen Jahr, manche sagten: ein Jahr später, kamen über die schneebedeckten Gipfel, zu de-

ren Füßen die harte Stadt so hinreißend liegt, genauso dunkeläugig wie die Geflohenen, genauso musikalisch, tänzerisch, heiter und beschwingt; die Zigeuner. An ihnen schien Isabella keinen Anstoß zu nehmen. Aber sie waren auch arm; die Mauren waren reich gewesen, nicht nur ungläubig. Vielleicht aber auch war kein Holz mehr da für Scheiterhaufen.

Dies also war der Grund, warum ich erleichtert die Grenze des Schutzes und des Rechts überschritten hatte und nun den Versuch wagte, den Berg zu erklimmen. Ich stolperte bei diesem Versuch; später bemerkte ich, daß es ein Schornstein war. Als ich mich aufrichtete, sah ich in das lachende Gesicht einer Zigeunerin. Atemlos vom schnellen Lauf, mit geöffneter Bluse, die den Blick freigab, aber gewiß nicht auf Wäsche, war sie hergestürzt, um mir ein nacktes Kind entgegenzuhalten. Es war ein Bub. Auch ein Kurzsichtiger hätte es gesehn. Sie aber mußte es mir noch deutlicher machen. Sie schlenkerte die kleine Männlichkeit hin und her: »Ein Sohn!« jubelte sie. Und gleich darauf bettelte sie: »Eine Zigarette!«

Diese zwei Worte, jetzt noch ein Solo, bald drauf ein Duett, sofort darauf ein Chor, der nicht mehr abriß, begleiteten mich. Die mitgebrachten Zigaretten waren bald verschenkt. Aber selbst wenn ich Tabakhändlerin en gros gewesen wäre, hätte ich das Verlangen nach Zigaretten nicht stillen können. Die verlockendsten Angebote prasselten auf mich herab.

Man bot mir an, mir so vorzutanzen, wie man am Abend den Fremden in einer der »Original-Zigeunerbars« vortanzen werde ... für eine Zigarette werde man sich die »Original-Zigeunertracht« anziehen ... man werde die »Original-Zigeunerhaltung« einnehmen. Ich verzichtete gern auf das Original. Ich war vollauf mit dem zufrieden, was ich sah. Aber mir war's leid, die schönen Geschöpfe so bereit für die Belange der Touristik zu sehen.

Die Männer schienen ein wenig stumpf zu sein. Sie hockten da und schwiegen. Aber vielleicht hatten sie genug Tabak.

Der Berg glich, ins Tausendfache vergrößert, dem Stopfei einer langjährigen und emsigen Hausfrau. Genauso zahlreich, unregelmäßig und zufällig waren die Wunden auf seiner Oberflä-

che. Unentwegt starrte mir ein schwarzes Loch entgegen, der Höhleneingang, vor dem eine zahlreiche Familie hockte, mit Rauchen und Entlausen beschäftigt.
Nur wie eine Nonne, mit gesenktem Blick, konnte ich die Pfade gehen, um nicht über die Schornsteine zu stürzen, die aus diesem Boden herauswuchsen, fast wucherten. Kein Architekt, höchstens ein Hellseher, hätte die Konstruktion dieser eigenartigen Stadt ergründen können, dieses Wirrwarrs und Ineinander-, Übereinander-, Nebeneinander-, Durcheinandergeschobenseins von Höhle und Schornstein, diese Überschneidungen von beiden. Eine Biene hätte sich schaudernd vor diesem chaotischen Bienenhaus zurückgezogen, aber auch mir blieb die Ordnung des Ganzen ein Rätsel und, ob es überhaupt eine Ordnung gab.
Manche Höhlen waren nur so tief in den Berg gegraben, daß grad – ich weiß nicht wie – Tiere und Menschen dort schlafen und in der Regenzeit die Frau auch dort kochen konnte, was sie jetzt vor der Höhle tat. Eine der Höhlen aber war groß; sie barg eine ganze Zimmerflucht und war mit vollkommenem Komfort ausgestattet. Ob sie allerdings ein WC hatte, bezweifle ich; woher aber auch hätte das W kommen können?
Doch sonst war alles da, was eine Millionärin sich leisten will; die Besitzerin war es. Zur Zeit des jungen Hemingway, des Garcia Lorca war L. M. »der« internationale Zigeunertanzstar gewesen. Man sah es ihr heute nicht mehr an; sie war recht voluminös.
Wir saßen auf couchähnlichen Ruhebänken. Auf der Brüstung, der Höhle entlang, standen Bücher in allen Sprachen und prachvolle Kupfergefäße. Die Unterhaltung war exquisit wie der Tee, den Mama bereitete und servierte.
Draußen brütete die Glut der südspanischen Sonne; sie war es, die mich immer wieder daran zweifeln ließ, ob Spanien eigentlich noch zu Europa gehöre (eine rein unpolitische Betrachtung). Hier war es frisch und kühl, war angenehmes, dämmriges Licht. Die Zigeuner wissen genau, warum sie in diesem Klima in Höhlen wohnen, und die Nichtzigeuner würden sie darum beneiden, wenn man Zigeuner überhaupt um etwas beneiden dürfte.
Die Unterhaltung stockte nicht einen Augenblick. L. W. erwies

sich als Expertin in moderner Kunst und Literatur. Sie erzählte, daß ihre Tochter studiere, sie studiert Geschichte und Sprachen der Zigeuner. Ihre Mutter aber — die uns den Tee bereitet und serviert hatte — stand, als ich ging, vor dem Eingang der Höhle mit anderen würdigen Damen zusammen. Alle streckten die Hände aus; auch sie. Auf deutsch gesagt: sie bettelte.

Ich hatte bei L. M. am Eingang gesessen, der, wie in jeder Höhle auch die einzige Licht- und Luftquelle ist. Mir gegenüber lag — nur durch ein schmales Tal getrennt — die Alhambra, in meinen Augen das Vollkommenste, was jemals von Menschen erschaffen worden ist, eine makellos durchkomponierte Symphonie aus Gebäuden, Gärten, Arkaden, überwuchert von Rosen, Palmen, Zypressen, früchtetragenden Orangenbäumen, voll vom Lied der Vögel, Nachtigallen zumeist, und dem Geplauder, Geraune schier unzählbar vieler Wasserspiele und Springbrunnen — und hier nur Staub und Kakteen. Sonst nichts. Nicht einmal das Allereinfachste, das Allerwichtigste: Wasser.

Wie ein Paternoster, auf und ab, ab und auf, so sah sie aus, diese unentwegte Wanderung der in lange Gewänder gekleideten Frauen, die den leeren, schön geformten Tonkrug im Arm ins Tal herunterstiegen und den mit Wasser gefüllten, auf die schmalen Hüften gestemmt, den Berg heraufschleppten, pausenlos, unentweg, ohne zu rasten.

Ich versuchte, sie zu photographieren. Ich versuchte immer wieder, die Zigeuner zu photographieren. Es war schwer, fast unmöglich. Eine gewisse Distanz ist dafür notwendig. Und Distanz war es gerade, was die Zigeuner durchaus und in jeder Beziehung ablehnten; genauso wie das Singular. Es waren immer alle da, von der Urgroßmutter bis zum Baby, und alle wären in den Photoapparat hineingekrochen, wenn das technisch möglich sein könnte.

Trotzdem machte ich Bilder. Und natürlich wollte jeder eins. Ich versprach es gern. Aber mit der Adresse haperte es. Sie hatten wohl Namen, wenn auch kein Geburtsdatum. Aber keiner konnte mir den seinen aufschreiben. Wo auch und wie hätten sie das Schreiben lernen sollen?

Als ich das letztemal den Sacro Monte verließ, begleitete mich bis zu jener Grenze, die zu überschreiten nur einige Damen vom Berg die Erlaubnis hatten, schier lautlos auf nackten und ungewöhnlich schmutzigen Füßen eine ganze Horde. Sie winkte mir nach. Ich winkte zurück.
Am nächsten Tag hatte sie mich gewiß vergessen; ich sie auch heute noch nicht.

Curzio Malaparte

Die große Mauer
Irkutsk, Oktober 1956

Wir müssen in Irkutsk vierundzwanzig Stunden unterbrechen, wegen eines Schneesturms, der in den Bergen zwischen dem Baikalsee und der Mongolei tobt; ich nutze diesen Aufenthalt zu einem Gang durch die Stadt. Mit mir sind zwei chinesische Studenten und der junge ungarische Lyriker George Semlyo, der in Peking bei der Gedenkfeier für Lu Shun, zu der auch ich eingeladen bin, die Schriftsteller Ungarns vertritt. Irkutsk ist die typisch sibirische Stadt, mehr als die anderen hat es den Charakter der russischen »settlements« aus der ersten Zeit der Kolonisation bewahrt. Es zählt rund dreihundertachtzigtausend Einwohner, doch auf den ersten Blick sieht es aus wie ein großes Dorf aus Holzhäusern, Sägereien und Holzdepots. Es ist zehn Uhr morgens, die Straßen des Zentrums sind fast verödet, alles ist um diese Zeit bei der Arbeit, die Autobusse fahren fast leer vorüber; nur der Bahnhof der Transsibirischen Eisenbahn ist voller Menschen, die in lautlosem Gewirr hin und her laufen, oder auf den langen Bänken in der verqualmten Halle schlafen. Die Süßwarenhändler und Eisverkäufer – die Russen sind große Eisliebhaber auch im Winter; an jeder Straßenecke, ob in Moskau oder anderen Städten, wird Eis in allen möglichen Qualitäten feilgeboten, in Ölpapier verpackt wie Seifenstücke und auch von der gleichen Form –, die Verkäufer von Obst und Gemüse, von Kosmetikartikeln, Kämmen, Spiegeln, Zahnbürsten und ähnlichem Krimskrams, hocken hinter ihren Ständen auf den Bahnsteigen, meist lesen sie Zeitung. Ein alter Schuhputzer, ein Mongole, klopft mit dem Rücken seiner Bürste an den Kasten, als ich vorübergehe. Durch die Karl-Marx-Straße, die Hauptverkehrsstraße von Irkutsk, gelangen wir auf den

Platz, an dem das Theater steht (die Plakate kündigen für diesen Abend die Komödie »Banja« von Majakowski an); an der Universität vorbei erreichen wir den Stadtpark, und von dort aus den Fluß, die Angera, die träge, feierlich, melancholisch dahinzieht, zwischen dem Qualm der Fabriken und Werkstätten an beiden Ufern.

Wir halten uns lange am Ufer auf, ich vergnüge mich damit, flache Steine über das Wasser hüpfen zu lassen, wie ich es als Junge im heimatlichen Prato am Bisenzio tat. Damals war Sibirien für mich etwas Fernes, Geheimnisvolles, von dem ein trister Zauber ausging; es war die Zeit, da ich zum erstenmal Dostojewski oder Gorki las, die Abenteuer Michael Strogoffs gerieten in unern Köpfen mit Ereignissen aus dem russisch-japanischen Kriege durcheinander, Sibirien kam uns wie ein riesiges Waldland vor, in dem Bärenjäger und politische Verbannte hausten. Ich entsinne mich des Gesangs der Verurteilten auf dem Weg in die sibirische Verbannung: »Prastschai ti staraja djerewnia«, den ich von Alexius Peskow lernte, dem Sohn Maxim Gorkis, der mit mir in der Freiwilligen Garibaldi-Legion in den Argonnen zusammen war, im Januar 1915. Alexius Peskow gab mir die ersten Unterrichtsstunden in Russisch, lehrte mich die Lieder seines Heimatlandes, erzählte mir wehmütig von Sibirien, manchmal kamen ihm die Tränen.

Heute erwachen diese längst vergangenen Empfindungen mir, als ich am Ufer dieses großen, trägen, melancholischen Flusses stehe, unter dem grauen Himmel, an diesen sanften Höhen mit den vielen kleinen Holzhäusern. Von fern, gedämpft, dringt das heisere Kreischen der Sägemaschine zu mir herüber, der lange klagende Schrei der Züge und Schlepper, das metallische Lärmen der hundert und aber hundert Fabriken der Stadt, das Rollen von Lastzügen auf dem anderen Ufer des Flusses. Das ist nicht mehr das romantische Sibirien meiner Jugendlektüre, nicht mehr das traurig sanfte Sibirien Alexius Peskows, was jetzt um mich her lebt, atmet, arbeitet; es ist ein neues Sibirien, eine Landschaft von Fabriken, Bergwerken, Elektrizitätswerken, Stahlwerken, Walzwerken. Irkutsk, die Hauptstadt Ostsibiriens, bis vor wenigen Jahren nicht viel

Irkutsk

mehr als eine Durchgangsstation der Transsibirischen Eisenbahn im Herzen des Burjaten-Territoriums, ist heute eine Industriestadt mit Arbeitsbevölkerung, mit modernen Problemen, entstanden in den letzten Jahrzehnten, am Rande eines gewaltigen Gebietes, das bis zur Küste der Arktis, bis Jakutien reicht.
Als wir zurückkehren, ist es bereits Mittag, die Arbeiter verlassen die Fabriken, drängen sich in den »Stalowaje«, den Volksküchen, die Kinder kommen aus den Schulen, ihre Mappen unter dem Arm, die Studenten wandern gruppenweise langsam durch die Karl-Marx-Straße und diskutieren. Sie sprechen über die Fußballmeisterschaften, über den letzten Kampf zwischen den Mannschaften von Omsk und Krasnojarsk. Es sind großenteils tatarische Studenten aus dem Stamm der Burjaten, der um den Baikalsee herum siedelt, etwa fünfzig Kilometer von Irkutsk. Ihre Augen sind wie mit dem Rasiermesser geschnitten, durch den schmalen Spalt sickert ein langsamer, schwerfälliger, dunkler Blick. Sie sind die künftigen Techniker des neuen industriellen Sibirien, der neuen Massenkolonisation nach dem Chruschtschow-Plan. Eine Gruppe Arbeiter aus der nahen Glimmer-Fabrik sammelt sich vor einem Eisstand. Um ein Uhr veröden die Straßen aufs neue. Ein Schwarm Spatzen läßt sich auf dem Pflaster vor einer der Volksküchen nieder und pickt die Brotkrumen vom Gehsteig.
Wir fliegen am nächsten Morgen um neun Uhr weiter, nach einer Nacht tiefsten Schlafes. Die Sonne steht bereits hoch und glänzt über Flüssen und unermeßlichen Wäldern. Wir schneiden schräg den gewaltigen Baikalsee, der von schneebedeckten Bergen umgeben ist. Der Schatten unseres Flugzeugs gleitet über Schneespitzen, über blaue, purpurrote, gelbe Talsenken, unter klarem, wolkenlosem Himmel, dessen Außenfläche von zartestem Blau ist und dann wie tiefes Wasser nach und nach in immer dichteres Violett übergeht, bis er schließlich fast ans Schwarze streift. Und nun, jenseits der Berge, öffnet sich vor unseren erstaunten Blicken, gelb, flach und leuchtend unter der Sonne, die Steppe der Mongolei.
Lebewohl, Sibirien. Oder besser: auf Wiedersehen in zwei Monaten, wenn ich aus China zurückkomme. »Mongúl, mongúl!«

rufen die beiden chinesischen Studenten. Alle Passagiere, seltsam erregt, beugen sich an die Fenster, reden wirr durcheinander, rufen und schreien. Sergej Polewoy, Sekretär des sowjetischen Schriftstellerverbandes, der einen Tag vor uns Moskau verlassen hatte und den wir in Irkutsk wiedertrafen, wo der Schneesturm über den Bergen jenseits des Baikal ihn festhielt, entkorkt eine Flasche Wodka und bietet allen zu trinken an. »Kampé, kampé!« rufen die Studenten. Und wir alle stimmen ein »kampé, kampé!«
Die gelbe Mulde unter uns, zwischen den ockerfarbenen, lila geäderten Hügeln, ist der Flugplatz von Ulan Bator, dem alten Urga des Dschingiskhan, die Hauptstadt der mogolischen Volksrepublik. Sobald wir das Flugzeug verlassen, kommt eine Gruppe von Männern und Frauen in seltsamen Trachten auf uns zu, der bloße Anblick läßt uns empfinden, daß einen hier eine neue Welt umgibt, völlig verschieden von der, aus der wir kommen. Es ist unsere erste Begegnung mit Asien, mit dem wirklichen Asien. Die Männer tragen eine lange Seidentunika in dunklem Rot, mit einem engen, bald grünen, bald gelben, bald hellblauen Gürtel um die Hüfte, auf dem Kopf haben sie weiße, gold- und türkisblaue durchwirkte Kappen. Unter der Tunika tragen sie rote Lederstiefel, weiß-wollene Hosen und Weste. Es sind die Nachfahren der Furcht und Schrecken verbreitenden Reiter des Dschingiskhan, die von diesem fernen Urga aus zu Pferde ganz Asien und Europa durchstreiften, bis hin zum Gelben Meer und zur Ostsee, bis Wien und zur ägyptischen Grenze, die Sibirien und Persien, Kleinasien und die Balkanländer, Rußland und China eroberten, nach Indien vordrangen, Reiche stürzten, Städte zerstörten, Grauen und Entsetzen über das gesamte Menschengeschlecht verbreiteten. Der Großmogul, von dem Marco Polo erzählt, der auf dem Thron der Kaiser von China saß, war einer dieser schlitzäugigen, hammelstirnigen Reiterführer, die, als sie die Ostsee erreichten, dort wo heute Riga liegt, die Lanze in den Küstenstrand steckten und ihre Pferde wandten, da sie glaubten, das Ende der Erde erreicht zu haben.
 Die Frauen tragen ein langes Gewand aus schwerem Atlas, pur-

purn, violett, oder grün, sie tragen wie die Männer rotlederne Stiefel, haben blaue Ketten um den Hals und schmale Goldspangen im pechschwarzen Haar. Eine dieser Frauen geht auf die Gattin des mongolischen Botschaftsrates in Moskau zu, die mit uns gekommen ist, und küßt sie auf die Schulter. Es ist ihre Schwester. Die Männer und die übrigen Frauen stehen schweigend abseits, mit halbgeschlossenen Augen, den Kopf leicht zurückgeworfen, feierlich, geheimnisvoll, unerbittlich. Jenseits des Gitters um den Flugplatz, neben dem Empfangsgebäude, sehe ich Pferde in Reihen, angepflockt, und große schwarze Automobile sowjetischer Herkunft. Unsere Reisegefährtin verabschiedet sich von jedem einzelnen von uns, verneigt sich, die Hände über der Brust gekreuzt, dann geht sie am Arm der Schwester von dannen, hinter ihr die Frauen und Männer, die zu ihrem Empfang erschienen waren. Die Frauen steigen in die Autos, die Männer koppeln die Pferde los und sind mit einem Sprung im Sattel, galoppieren hinter den schwarzen Wagen drein, die sich in einer gelben Staubwolke entfernen und verschwinden.

Der Aufenthalt in Ulan Bator war nur kurz, wir fliegen bereits wieder über die Wüste Gobi mit den hohen purpurroten Sandwolken, die der unerbittliche Wind der Mongolei überall am Horinzont emporwirbelt. Der Anblick ist furchterregend und wunderbar. Soweit der Blick reicht, dehnt sich das Sandmeer, bald rot, bald gelb, bald violett, hier leicht gewellt, dort über schwarzes Felsgewirr hinspülend, und immer wieder riesige, salzweiße Krater. Lange Reihen von Kamelen ziehen schmale kurze Striche durch die Wüste; es sind die Karawanen, die von der Mongolei nach Sinkiang, Chinesisch-Turkestan, Tibet, Shansi, Mittelchina, Peking unterwegs sind. Sie benutzen die uralte Seidenstraße und transportieren Häute, Pelze, Wolle, kostbare Teppiche.

Die Wüste Gobi beherrscht und reguliert das Klima eines großen Teils von Kontinentalasien; der Sand wird vom Wind bis Peking, bis an die pazifische Küste getragen, er überzieht mit einer unbetastbaren gelben Decke die Ebenen Nord- und Zentralchinas. Es gibt keinerlei große Mauern, die dem Sand der Gobi den Durchgang wehren könnten. An manchen Tagen,

besonders im Frühjahr, ist der Himmel Chinas verdunkelt von gewaltigen gelben Sandwolken, aus denen tot wie abgestorbene Blätter Scharen von Zugvögeln herabfallen, die der Sturm überraschte.
Unvermittelt scheint die unbegrenzte Sandfläche sich aufzubäumen, zerrissene Berge schießen aus der Wüste empor, und auf deren Kamm erscheint eine weiße Kurvenlinie eingezeichnet, die immer wieder tief in die Täler hinabsinkt, sich den anderen Hang emporzieht, über steile Felsenwände klettert, dem dünnen Band schwarzer, spitzer Kammsättel folgend. Es ist die große Mauer. Wir alle pressen das Gesicht an die Fensterscheiben und halten den Atem an.
Nun werden die Berge zu Hügeln, Felder und Dörfer tauchen aus den Geländefalten auf, dann kommt die Ebene, im Hintergrund der Ebene ein großer Wald in zartem, durchsichtigem Grün, zwischen dem Laub ein Schimmer goldener Dächer, grüner, roter, blauer Ziegel, Türme von weißem Porzellan, türkis- und jadefarbenen Seen: Peking.

Paul Distelbarth

Reise in der Einbildung
(1955)

... Immer sind die Betten in Frankreich für zwei Personen: höchstens in internationalen Hotels findet man zuweilen andere. Warum? Ein Franzose will nicht ohne Frau leben. Vollends auf einer Reise, und gar auf einer Vergnügungsreise? Das erscheint ihm unnatürlich; er sucht dann etwas Perverses dahinter. Wenn er nicht verheiratet ist, hat er eine Freundin. Wie soll man denn das Leben genießen — und dazu ist es doch da! — wie soll man sich denn an dem trefflichen Essen und dem herrlichen Wein erfreuen, wenn man enthaltsam leben muß? Für die Franzosen ist das unvereinbar. Was für ein armer Teufel, der am Ende eines schönen Tages allein schlafen gehen muß! Deshalb sind die Betten breit und der Zimmerpreis versteht sich immer für zwei Personen. Um 1936 zahlte man in der Provinz für schöne Zimmer 15 bis 20 Franc, das entsprach zweieinhalb bis 3 Mark, wohlverstanden für zwei Personen. Ob der Bund vom Priester gesegnet oder vom Bürgermeister legalisiert ist, danach fragt niemand, nicht einmal die Polizei. Man braucht auch den Namen seiner Gefährtin nicht anzugeben: der Zusatz »und Frau« genügt. Es würde schon als eine große Unhöflichkeit angesehen werden, von einer Frau zu verlangen, sie solle ihr Alter angeben. Man darf doch die Leute nicht zur Unwahrheit zwingen!

Kommt man in solch einer kleinen Stadt an, so wird man immer gut tun, mit dem Hotelier ein Gespräch anzufangen und ganz beiläufig nach den Küchenspezialitäten des Ortes zu fragen. Jeder hat eine, das ist Ehrensache. Mehr darf man aber nicht sagen, das wäre unhöflich. Der Mann kennt seine Pflicht. In Frankreich darf man nie geradezu verlangen. So wie die französische Sprache vielfach nur andeutet und den andern erraten läßt, so muß man es auch im Verkehr halten. Einmal hatte ich auf einer Bahnstation bei der Kellnerin ein »repas froid« bestellt, wie sie auf allen größeren Stationen stets bereitgehalten werden; sie war fortgeeilt und kam ewig nicht wieder. Der Vorstand stand da mit seinem zusammengerollten Fähnchen, um das Abfahrtssignal zu geben. Ich bat ihn dringend und etwas aufgeregt, doch zu warten. Er verbeugte sich höflich und sagte: »Aber mein Herr, ich werde doch gegen einen Fremden nicht so unhöflich sein und den Zug abfahren lassen, wenn ich sehe, worauf er wartet.« Das war in Bort-les-Orgues, zu Füßen der riesigen Basaltsäulen-Wände, von denen die Stadt ihren Beinamen hat.

Unser Hotelier wird also Himmel und Hölle in Bewegung setzen, um die Heimat, »la petite patrie«, würdig zu vertreten. Er kann ja auch nie wissen, ob der Gast nicht am Ende ein Beauftragter einer der Gesellschaften ist, die die Hotels kontrollieren und in ihren Jahrbüchern das Essen zensieren. Was aber heißt »Himmel und Hölle«? Nun, er wird sich an ein paar Freunde wenden, damit sie ihm einen schönen Lachs verschaffen, oder einen Hecht oder Aal, eine Alse — je nach der Jahreszeit. In Ermangelung dessen Forellen. Davon gibt es in Frankreich so viele, daß er nicht in Verlegenheit kommen kann; im schlimmsten Fall muß der Fischkasten herhalten. Was das Geflügel anbetrifft, so wäre ein Fasan nicht übel, oder junge Rebhühner, Krammetsvögel, Wachteln oder — höchstes Glück: Schnepfen. Wenn aber alles versagt, dann in Gottes Namen ein würziges Wildkaninchen, oder ein zartes Hühnchen »de grain«, d. h. mit Getreidekörnern gemästet und am Spieß gebraten.

War es der Wille der Götter, daß es Schnepfen sein sollten, dann muß man dazu den besten Burgunder wählen, den der Wirt im Keller hat; einen Chambertin oder Vosne-Romanée oder Clos-Vougeot. Oder einen Pommard, nur gilt dann eine gewisse Vorsicht; denn Pommard ist ein Ortsname, wie St. Emilion, und es gibt da gute und schlechte Lagen, während die anderen Namen bestimmte Weinberge bezeichnen. Leider habe ich nie das Glück gehabt, aber Freunde von mir haben mir wie-

iele
chornsteine
iele Betten
„Diese Fassaden"
„Wo war das nur?
Ja natürlich ... nicht laut denken"
Ein französisches
Bett mit der Rolle (Kopf)

derholt eingeschärft, in so einem Fall, der vielleicht nie wiederkehrte, dürfe man nicht aufs Geld sehen.

... Wir haben also unsere behagliche und nahrhafte Reise in Argent begonnen. Die kleine Stadt liegt in der Sologne, südlich von Orléans. Die Sologne ist ein Waldgebiet mit vielen Wasserläufen und Sümpfen. Dort wimmelt es von Fischen und Wild. Eigentlich müßte man vorher das schöne Buch »Rabolliot« von Maurice Genevoix gelesen haben. Rabolliot ist ein Wort der Mundart und bezeichnet ein wildes Kaninchen. Es ist der Roman eines Holzfällers und Wilderers, der seine Jagdleidenschaft nicht bezähmen kann. Wohl nirgends wird so viel gewildert wie in Frankreich. »Der« Wilderer ist auf dem Dorfe ein feststehender Begriff wie »der« Wagner oder »der« Schuster. Jenem Mann, der den Spitznamen »Rabolliot« führt, liegt das Wildern im Blute. Seine Familie fleht ihn an, er weiß selbst, daß es sein Untergang ist, aber der Trieb ist eben stärker. Schließlich entwickelt sich ein erbitterter Kampf mit dem Gendarmen, der sich an die Fersen des Mannes heftet und ihn endlich auf frischer Tat ertappt. Aber der erschlägt den Gendarmen. Verhängnis ...

Auf unsrer Reise machen wir es uns zur Regel, immer zum Fisch den Wein der Gegend zu trinken. Diese Weine, meistens vom Faß und vom laufenden Jahrgang, werden an Ort und Stelle verbraucht und meist nicht auf Flaschen gefüllt, ähnlich wie es in Württemberg üblich ist; es sind, möchte man sagen, natürlichere Weine als die großen Marken. Oft haben sie einen besonderen Trauben- oder Bodengeschmack, wie jener Wein von Cosne an der Loire, ganz nahe bei Argent, den ich einmal in einem Pariser Vorort trank bei einem Wirt, der aus Cosne selbst stammte und bei dem alle Landsleute, die im Pariser Becken wohnten, zusammenkamen, um das heimische Gewächs zu trinken. Der Wirt holte ihn jeden Herbst bei seinen Vettern und Schwägern, und zwar, sobald die erste, wilde Gärung vorbei war. Der Wein blieb dann in denselben Fässern und wurde nie abgezogen; d. h. er blieb auf seiner Hefe; natürlich mußte er vor dem nächsten Herbst getrunken sein.

Wir werden also am ersten Abend zu unserm Hecht in Argent

Wein aus Cosne trinken, wenn wir uns nicht für Wein aus Sancerre entschließen, der gleich daneben wächst und für seinen Geschmack nach Feuerstein berühmt ist.

Den zweiten Tag bleiben wir auch noch in der Sologne, in Salbris. Dort führt die Hauptbahn nach der Auvergne, dem Languedoc, den Pyrenäen und Spanien vorbei; für Kurzweil ist also gesorgt, vor allem in den Morgen- und Abendstunden. Die übrige Zeit verwenden wir zu schattigen Spaziergängen in den Wäldern, wo wir uns mit Anglern, Holzfällern, Jagdwärtern unterhalten, von denen wir eine Masse interessanter Dinge lernen.

Am dritten Tag verlassen wir das etwas schwermütige Paradies der Wilderer, um bis nach Remorantin zu fahren, einem hübschen historischen Städtchen. Wir sind jetzt im Gebiet der großen Schlösser, die nach der Rückkehr Franz' des Ersten aus Italien erbaut wurden, von wo er Leonardo da Vinci mitgebracht hatte. Gemeinhin gehen diese Schlösser, durch die die französische Renaissance begründet wurde, unter dem Namen »Schlösser der Loire«, obwohl nur ein kleiner Teil seine Türme und Giebel an den Ufern des schönen Stromes erhebt. Das Schloß von Chambord, das berühmteste und großartigste, liegt unweit Remorantin einsam in einem riesigen Forst. Das Merkwürdigste an ihm sind die Kamine und Giebel, die mit der großen »Laterne« eine ganze Stadt auf dem Dache bilden.

In den nächsten Tagen überqueren wir die reizenden Flußtäler, die auf lange Strecken neben der Loire herlaufen, bis sie in diese einmünden; das ist Cher, dessen oberen Teil wir kennengelernt haben, danach das der Indre, und endlich das der Creuse, die ihren Namen — die »Hohle« — davon hat, daß sie in ihrem Oberlauf sich ein tiefes, wildromantisches Bett aus dem Urgestein ausgehöhlt hat. Es ist ohne Frage das schönste, malerischste, abwechslungsreichste von ganz Zentralfrankreich, und dort lieg Le Blanc, das Ziel unserer Reise, mit seinem großen steinernen Eisenbahnviadukt.

Die Creuse entspringt auf dem Plateau de Millevaches, in einer großartigen einsamen Heidelandschaft, über die gewaltige Felstrümmer verstreut sind, wie weidende Kühe; daher der Name »mille vaches« d. h. tausend Kühe, in einer Höhe von 1000

Meter über dem Meere. Im Sommer, wenn das Heidekraut blüht, sind die runden Kuppen alle lilarot gefärbt. Sie frißt sich dann bald ins Gestein ein, kommt nach Aubusson, der Teppichstadt. Aber im Gegensatz zu den Gobelins und zu Beauvais, die Staatsmanufakturen sind, herrscht in Aubusson die Privatindustrie und der freie Wettbewerb. Weiter schlängelt sich die Creuse durch jenes Parkland, das wir zu Beginn zu schildern versuchten, zwischen jähen Felsabhängen. Menschliche Ansiedlungen haben nur selten Platz an den schmalen Ufern, nur zuweilen unterbricht eine freundliche Idylle den herben Ernst der Landschaft. Dort, wo die Sedelle in die Creuse einmündet, liegen auf steiler Felszunge die Ruinen der Burg von Crozant, einer wahren Festung, die eine Armee von Tausenden von Kriegern aufnehmen konnte, uneinnahmbar durch ihre Lage, heute ein Lieblingsziel der Maler. Freilich hat sich der Charakter der Landschaft etwas geändert, denn statt zweier wildschäumender Bergflüsse umrahmen jetzt zwei Arme eines Sees die malerischen Ruinen. Einige Kilometer weiter unten ist nämlich die Talsperre von Eguzon errichtet worden, eine der größten Frankreichs, die der Orléansbahn den Kraftstrom liefert. Übrigens ist die ganze Gegend nicht nur durch die Maler bekannt geworden, vorher schon durch die berühmte Schriftstellerin Georges Sand, die dort ihr Schloß hatte und deren Romane in ihr spielen. Aber in Le Blanc, wo wir unser Züglein verlassen, ist die Creuse schon lange nicht mehr das wilde Kind der Heide, der Granitblöcke und wehenden Birken, sondern eine gesittete, freundliche Maid und ihr Tal ist so fruchtbar und lachend wie irgendeines.

Unsere Reise in der Einbildung ist zu Ende. Aber wir können doch nicht ewig in dem kleinen freundlichen Städtchen bleiben, so trefflich wir in dem großen Hotel am Rathausplatz aufgehoben sind. Wir wär's, wenn wir ein Stückchen weiter gingen, nach Poitiers und darüber hinaus an den Rand des Ozeans? Es kostet uns ja nichts!

Erst würden wir noch ein paar solch schöne Täler sehen, zuerst das der Gartempe, von dem wir schon gehört haben, dann der Vienne, endlich des Clain. Gleich das erste weist eine Sehenswürdigkeit allerersten Ranges auf: die Stiftskirche von Saint Savin, eine der großartigsten eindrucksvollsten romanischen Kirchen der Welt, nur den Kunstgelehrten bekannt, mit ihren herrlichen, bald tausendjährigen Malereien, die das ganze Gewölbe bedecken. Und Poitiers auf seiner Kalksteinplatte ist geradezu das gelobte Land des romanischen Stiles; dort steht auch eine der wenigen steinernen Kirchbauten aus der Merowingerzeit. Zwischen Poitiers und dem Ozean breitet sich das »Marais Poitevin«, das aber kein Sumpf ist, sondern ein eingedeichter, trockengelegter einstiger Meerbusen, ein Waldland, von unzähligen Armen der Sèvre und ihren Nebenflüssen durchzogen. Dort vollzieht sich aller Verkehr zu Wasser und das Automobil wird durch den Nachen ersetzt; man könnte sich im Spreewald wähnen. Dahinter aber kommt der weite Ozean, der gegen die schützenden Deiche brandet, und an ihm liegt La Rochelle, die Hugenottenstadt, berühmt für den Widerstand, den sie in den Religionskriegen leistete: ihr Unterliegen besiegelte das Schicksal der französischen Reformation.

Um aber in der echten französischen Tradition zu bleiben, die verlangt, daß jedes geglückte Unternehmen mit einem fröhlichen Mahle beschlossen wird, gehen wir noch ein ganz kleines Stückchen weiter, bis nach Marennes, dem gesegneten Land der Austern, wo sie so fett werden wie nirgends sonst, wo eine besondere Art von Bakterien ihnen einen besondern Wohlgeschmack und jene grüne Farbe verleihen, die dem Kenner die feinste Qualität verbürgt.

Reise in der Einbildung... Aber zugleich Reise, die man jeden Tag hätte zur Wirklichkeit machen können. Keinerlei Enttäuschung hätte uns erwartet. Im Gegenteil! Die Wirklichkeit wäre viel schöner gewesen, nämlich lebendig, farbig, saftig, duftend, handfest.

Was ist im Grunde das Geheimnis der Kunst zu reisen? Der wunderbare Schlüssel, der das Paradies der Entdeckung eröffnet und der jede Entdeckung zu einem unvergeßlichen Erlebnis macht, zu einer Erfüllung? Jenes Paradies, von dem die Reisenden »schlechthin« für alle Ewigkeit ausgeschlossen sind und von dessen Bestehen sie auch keinerlei Ahnung haben?

Es liegt darin, daß man in seinem Geiste zehn- und zwanzigmal die Reise gemacht hat, lange ehe man sich an das große Abenteuer der Verwirklichung wagt.

Leo Slezak

Das Reisen in Amerika
(1939)

Die Zeit, die ich in Amerika zugebracht habe, muß ich als vollständig aus meinem Leben gestrichen betrachten.
Von dem Augenblick an, da ich in Cherbourg an Bord ging, bis zu meiner Wiedereinschiffung in New York, um in die Heimat zurückzukehren, vegetierte ich nur.
Vom Schiff ins Hotel, vom Hotel ins Theater, vom Theater ins Hotel oder zur Bahn — so ging es sechs lange Monate hindurch.
Immer achtgeben, immer aufpassen, daß man sich nicht erkältet, keinen andern Gedanken im Kopf, als: Nur ja nicht krank werden.
Täglich in einer andern Stadt erwachen, oft nur jeden dritten oder vierten Tag in einem Bett — das nicht fährt. —
Da zählt man freilich die Tage und Stunden bis zu dem Zeitpunkt, da es wieder nach Europa geht.
Allerdings wird einem das Reisen in Amerika so bequem gemacht, wie man es sich in Europa überhaupt nicht vorstellen kann.
Da fast alle Bahnen Privatbesitz sind, und es nach allen Richtungen verschiedene Linien gibt, die sich gegenseitig Konkurrenz machen, trachten die Gesellschaften, was Komfort betrifft, sich zu überbieten, um den Passagieren das Reisen so angenehm als möglich zu machen.
Bei meinem Eintreffen in New York hatte der Manager bereits alle Fahrten zusammengestellt, auf Grund von Offerten, die uns von den Eisenbahnverwaltungen zugekommen waren. Mein Drawingroom hatte ich für alle Fahrten reserviert, — ein großes Abteil, das im Nu in einen Schlafraum verwandelt werden

konnte und tagsüber ein behagliches Zimmer mit Fauteuils, Sofa und Tisch sehen ließ.

Nebenan ein eigenes Badezimmer.

In allen größeren Stationen kamen Beamte ins Coupé, erkundigten sich, ob man zufrieden sei, irgendwelche Wünsche habe, brachten Beschreibungen der Reiseroute mit Bildern und Ansichtskarten mit und überboten sich in Aufmerksamkeiten.

So wurde eine Reise nach dem Westen, — Kalifornien, Seattle oder Victoria — die sechs bis sieben Tage dauerte, zu einer Quelle von Anregungen, wo man nichts von jener Müdigkeit fühlt, die sich bei uns bereits nach zwei- bis dreistündiger Eisenbahnfahrt einstellt.

Im Zuge gibt es einen Friseur, ein Schreibzimmer mit einem Schreibmaschinenfräulein, dem die Geschäftsleute ihre ganze Korrespondenz diktieren, dann ein Telephon, das in jeder Stadt eingeschaltet werden kann. Am Ende des Zuges befindet sich ein Aussichtswagen mit Riesenglasscheiben und bequemen Klubsesseln, außerdem eine offene Terrasse, von der aus man, gegen Wind geschützt und in Liegestühlen ausgestreckt, die Landschaft an sich vorbeiziehen lassen kann.

Der Zug gleitet — trotz der rasendsten Schnelligkeit — so ruhig, daß man schreiben und sich mit allerhand beschäftigen kann, ohne Gefahr laufen zu müssen, sich beim Reden die Zunge abzubeißen. — Nur so ist es möglich, die ungeheuren Strapazen zu ertragen.

Allerdings muß man trotzdem von guten Eltern sein, um den ständigen Klimawechsel wie auch die atemlose Hast, mit der drüben gearbeitet wird, auszuhalten.

Oft hieß es nach dreitägiger Bahnfahrt geradenwegs aus dem Zug ins Theater eilen, sich rasch kostümieren, um eine Stunde später als Othello oder Samson auf der Bühne zu stehen.

Der Reklame wegen mußte ich mir einmal für eine kurze Zeit eine »Privatcar« mieten.

Das ist ein ganzer Wagen, der eine komplette Wohnung enthält, mehrere Schlafräume, Salon, Speisezimmer, Küche und Bad.

Ich hatte nicht nur meine Familie bei mir — meine Frau und

Kinder begleiten mich überallhin –, auch unsere Wiener Dienstboten, inklusive der Köchin aus Brünn, fuhren mit, obschon uns von der Eisenbahngesellschaft ein schwarzer Koch und ein Neger, dem die Wartung des Waggons oblag, beigegeben worden waren.

Sogar ein kleines Harmonium hatte mir meine Klavierfirma in den Salon stellen lassen. – Schlaraffenland! –

Sang ich beispielsweise in einer Stadt des Westens, wurde der Waggon abgekoppelt, auf ein Seitengeleise geschoben und war Hotel. Abends fuhr ich dann nach dem Konzert an die Bahn, und in meiner Car erwartete mich schon ein strahlendes Nachtmahl – greifen wir einmal, des Kontrastes mit dem wilden Westen wegen, ein märchenhaftes Kalbsgulasch mit wonneumwobenen Nockerln heraus. – Dazu echtes bayerisches Bier! – In Flaschen.

Meine Familie um mich, der Pianist, ein lustiger Venezianer, sorgte für Humor, so saßen wir bis spät in die Nacht, um schon am nächsten Morgen, inzwischen an einen fahrplanmäßigen Zug angehängt, wieder in einer anderen Gegend zu erwachen.

Herrlich war's! – Leider währte der schöne Traum nur knappe drei Wochen. – Er war zu teuer.

Sooft eine Reise vorbei war, tat mir das Herz weh – so schön ist sie gewesen, namentlich im Süden.

Atlanta – Florida – Texas – – lauter unvergeßliche Eindrücke.

Aber auch im Norden von Canada – im Schnee und Eis – gab es Überwältigendes zu sehen.

Quebec! –

Der Blick von dem auf einem Hügel liegenden Hotel Frontenac – es ist als alte Rittersburg eingerichtet, und man kann vor lauter Altertümern nirgends sitzen – wird mir unvergeßlich bleiben.

Der ungeheure Sankt-Lorenz-Strom, den man in seiner Breite kaum übersieht, man wähnt das Meer vor sich zu haben, gefroren, eine starre, bewegungslose Eismasse.

Aber so herrlich, fesselnd und anregend das alles war – das Herrlichste und Schönste blieb doch die Heimfahrt.

Das Gefühl: Heute geht es nach Hause, will einem die Brust sprengen — jubelnd geht man aufs Schiff.
Es kommen Freunde an Bord, Blumen, Früchte und gute Reisewünsche bringen sie. — Um zehn Uhr ertönt das Zeichen: Alles von Bord! — Die Brücken werden aufgezogen, die Musik spielt den Radetzkymarsch, der Koloß von einem Ozeandampfer wird mit kleinen Schleppern vom Pier in den Hafen gezogen, dort gewendet, und sobald er seinen Kurs hat, geht er langsam vorwärts mit eigener Kraft.
Man steht oben am Sonnendeck, die winkenden Menschen werden immer kleiner, bis sie verschwinden. — Alle Wolkenkratzer ziehen vorbei, nun hat man die Freiheitsstatue passiert, in einigen Stunden ist das Feuerschiff in Sicht — der Lotse geht von Bord, das Schiff bekommt Vollkraft, und der große, unermeßliche Ozean liegt vor uns.
Mag es nun stürmen und wettern, soviel es will, mögen einem die Magenwände noch so sehr zum Munde heraushängen, die Glückseligkeit überwiegt jeglichen Jammer.
Portsmouth — erstes Anlegen — Europa.
Am nächsten Morgen Cherbourg, der Extrazug des Norddeutschen Lloyd steht bereit, in sechs Stunden Paris, — dort in den Orientexpress und tags darauf — in Wien.
Großartig, fabelhaft ist es draußen in der Welt.
Aber schön — wirklich schön war es nur daheim . . .

Bruno E. Werner

Über den Apennin
(1929)

Die Via Emilia, jene Straße der Antike, die Parma wie ein Breitengrad durchschneidet, führt von Mailand an zwischen Maisfeldern hindurch, die von kleinen Kanälen bewässert werden. Zuweilen ein Ochsenfuhrwerk, ein Lastkraftwagen, ein kleines staubiges Dorf, die Städte Reggio, Modena, schließlich die Nadeltürme Bolognas, der alten Rechtsuniversität, und bald wird es weitergehen über Forli bis Rimini an die Adria. Aber hier in Bologna sitzt man unter den steinernen Bogengängen beim »espresso«, jenem herrlichen, scharf gebrannten Kaffee, der selbst in jedem kleinen Dorf kochend, stark und zu jeder Tages- und Nachtstunde frisch aus der blitzenden Maschine schießt. Man erinnert sich, bei der Einfahrt, nicht fern im Süden den blauen Schattenriß des Apennin gesehen zu haben. Man kann sich schwer entscheiden, schon wieder nach Norden zu fahren, gerät in jene alten touristischen Konflikte zwischen der unendlichen Sehnsucht und der begrenzten Zeit, stellt auf der Karte fest, daß Florenz nur hundert Kilometer südlich liegt, gibt sich einen unvernünftigen Ruck und beschließt, wenigstens jene Abendstunde auf dem Piazzale Michelangelo wieder zu erleben, in der die Stadt am Arno mit Brücken, Kuppeln, Türmen und Hügeln wie eine Fata Morgana in ihr gläsernes, gold-blaues Licht versinkt.

Und hinauf geht es auf guter Straße in Serpentinen tausend Meter hoch in den Apennin hinein, in eine grüne Gebirgswelt mit Höhenblicken, Schluchten und Wäldern. In einem Weiler auf dem Paß macht man Halt. Eine junge Frau, die ein Kind erwartet, bringt die ausgepreßte Zitrone, und als sie auf den Hebel des Siphons drückt, sieht man, daß sie keinen Schmuck und nur einen eisernen Ehering trägt. Das Gold wurde im abessinischen Krieg abgegeben. Sie fragt nach dem Ziel der Reise, lächelt mit einem ovalen, geschminkten Gesicht, man entsinnt sich der Madonnen, die ihre Züge tragen, und stellt fest: So wie die Frauen des einfachen Volkes sonntäglich ihre Lippen nachziehen, ihre Brauen und Wimpern dunkeln, um ein maskenhaftes Schönheitsideal zu erreichen, so sind auch die Frauen auf den Gemälden der alten Meister geschminkt, die Madonnen, die Heiligen, die Prinzessinnen und die Frauen des Volkes vom Ducento bis zum Settecento, von Simone Martinis Verkündigung bis zu den Büßerinnen des Barock.

Am späten Nachmittag ruht Florenz perlmuttern unter uns in der Hügelwelt der Toskana. Dort links liegt Fiesole mit dem Franziskanerkloster zwischen den Zypressen, die wie schwarze, zierliche Säulen der Frührenaissance sich vom Himmel abheben; tief unter den etruskischen Mauern, bereits am Rande der Ebene, in der Ferne die Villa Palmieri, wo Boccaccio von den vor der Pest geflohenen sieben Mädchen und drei Jünglingen die Novellen des Decamerone erzählen läßt — und damit nimmt uns die Stadt auf.

Die Piazza della Signoria ist abgesperrt. Wir schlüpfen gerade noch hindurch. Hier, vor der überlebensgroßen Nachbildung von Michelangelos David auf dem Forum der Republik, wo einst Savonarola Bücher und Bilder verbrennen ließ, bis ihn am gleichen Platz ein gleiches Schicksal ereilte, trifft man Vorbereitungen für eine Theatervorstellung. Wenn man die Stufen der Loggia bei Lanzi hinaufsteigt, kann man über den Bretterzaun blicken, der den Platz umgibt . . .

In der Stunde aber, wo die Sonne flammend hinter den toskanischen Hügeln versinkt, fahren wir die Villenstraße Viale dei Colli hinauf und stehen nun auf der riesigen Terrasse am höchsten Punkt, dem Piazzale Michelangelo. Blickt man nach Westen, so flimmert vor uns ein scharfgeschnittenes, goldenes Band, der Arno, von sechs Brücken durchschnitten, glühend und blendend wie geschmolzenes Metall, denn die Häuser auf beiden Seiten verbleichen in matten Pastellfarben. Aber dort ist der polychrome Marmordom, dort der Palazzo Vecchio und die

Bologna
Die Türme waren damals schon schief

Uffizien, da sind die anderen Kuppeln und Türme, und dort drüben schwebt wieder Fiesole. All dies liegt als das alte, ewig neue Wunder wieder vor uns, gebettet in eine unendlich zärtliche Atmosphäre, gehüllt in einen Duft von wehendem Falterstaub, nun jedoch bei versinkender Sonne allmählich körperhaft plastisch werdend, mit jenen blauen und rosa Tönen des Fra Angelico, der sich den Himmel mit allen gefiederten Engeln nicht anders vorstellen konnte denn als ein auf Goldgrund gesetztes Ebenbild der Heimatstadt Florenz.

Wiederum steigen wir tausend Meter in Schlangenlinien hinauf auf den Apennin. Weite Aussichten eröffnen sich über das Arnotal hinweg bis zu den apuanischen Alpen. Es geht durch Tannenwälder, die an den Harz erinnern, und im Dunkel der Nacht stehen wir schließlich vor einem einstöckigen dunklen Berghotel in Vallombrosa. Die Saison beginnt erst in den nächsten Tagen. Wir sind die ersten Gäste, eine kleine Revolution für den einfachen Gasthof, der nun sein ganzes Aufgebot an Männern und Frauen für uns auf die Beine ruft. In einem kleinen kahlen Raum serviert man uns das Abendessen. Der Wirt und zwei Kellner stehen hinter unseren Stühlen, beobachten standhaft unsere Mienen, um für den kleinsten Wink parat zu sein, und das Küchenmädchen blickt zuweilen durch die Tür.

Am anderen Morgen die Kammstraße hinunter nach Arezzo, der Stadt des Maecenas, des Petrarca, des Aretino. Die Sonne knallt erbarmungslos auf das Landstädtchen zwischen den Olivenhügeln. Der Kustode öffnet uns die Kirche San Francesco, und wir stehen im Chor vor den Fresken des Piero della Francesca, den lieblichsten unter den herrlichen Wandbildern Italiens. Es ist die Legende vom Kreuz, so zart und vollendet in der Schönheit und dem Adel ihrer Frauengestalten, so getragen von gentilezza, mit einem frühlingshaft milden, weltlichen Glanz und nun im Verblassen so geheimnisvoll durchtränkt von einer Luft des Jenseits und der Vergänglichkeit.

Eine halbe Stunde später fahren wir gen Norden über den Tiber und nun wieder über einen Paß zwischen dem Etruskischen und Römischen Apennin hindurch. Da liegt festungsartig, steil an dem Berghang getürmt und – wären nicht

Carcassonne und Avignon weiß und diese Stadt rot – fast ein wenig an provenzalische Städte erinnernd: Urbino, die Geburtsstadt Raffaels und der Mäzenatensitz jenes Herzogs von Montefeltro mit dem klugen Geierblick und der beachtlichen Raubritternase. Am Abend die Adria. Cattolica, das liebenswürdigste und heiter-volkstümlichste der Bäder. Rimini mit seiner Meerespromenade und dazwischen, dem größeren Rimini nun den Rang streitig machend, Riccione, wo die neuen Betonhäuser das alte Städtchen verdrängten. Hier trifft man wieder wie in Rom, Neapel und Mailand auf jene schneeweißen Polizisten, die mit unnachahmlicher, fast tänzerischer Geste den Verkehr regeln. Die Straßen sind breit wie Autobahnen, und rechts und links schießen aus dem Brachgelände unaufhörlich neue Häuser hervor, weiße und rote Villen für die Sommergäste und große, dachlose, breit dahingelagerte Betonbauten mit Glas und Stahl für die vielen Jugendkolonien, die wie kleine Panzerschiffe ins Meer vorstoßen.

Von Rimini fährt man in einer halben Stunde nach der kleinen Republik San Marino. Man sieht sie bereits in der Ferne, ein blauer, dreißig Kilometer von der flachen Küste aus dem Boden steigender breiter Fels, wie eine riesige Festung für Jungen aus einem Spielzeuggeschäft. Wie der Mont St. Michel in der Normandie ist diese kleine Republik eine Angelegenheit der Fremdenindustrie geworden. Man kauft blauweiße Fähnchen mit der Aufschrift »Libertà«. Fayenceschalen mit den drei Türmen des Wappens, wenn man will, und vor allem Postkarten und die hübschen Briefmarken der Republik ...

Besucht man anderntags, die Sonne über dem Scheitel, San Vitale, Sant Appolinare und die goldenen Mosaiken Ravennas, so gerät man jäh in einen völlig anderen geistigen Raum, dessen starre, tausendjährige Majestät den Besucher mit solcher Gewalt überfällt, daß der Wochenendtourist sich abgewiesen fühlt und respektvoll gelobt, mit mehr Muße wiederzukehren. Er schämt sich seiner Reise im Zeitraffer. Noch benommen von der schreckenden, majestätischen Unerbittlichkeit dieser byzantinischen Welt, tritt man ins nackte, erbarmungslose Licht der zwölften Stunde, wo man am Grabmahl des Theoderich von der Beschließerin statt Brunnenwassers roten Chianti immer von neuem ins Glas gegossen bekommt und sich plötzlich von den Mittagsgöttern gespenstisch und schwerelos verwandelt fühlt. Man fährt nach Norden auf breiter Straße wie der große Pan, singend, brüllend und mit beträchtlicher Geschwindigkeit, während die Kinder am Wegrand stehen, Blumen ins Auto werfen und jenen Eselsschrei ausstoßen, den alle kleinen Italiener den Berliner Wagen zuschreien: »IA«. So gelangt man auf leerer Straße schnell nach Ferrara. Vor San Giorgio trinkt man seinen Espresso, während Lohengrin einen weißen Schwan am Kastell vorüberschiebt, aus dessen Bauch er Eis verkauft – und weiter geht es über Padua und die neue Autostrada nach Venedig. Wählt man diesmal den Landweg und kommt zum erstenmal auf der Piazza Rama an, ist man versucht zu glauben, die Kanäle wären zugemauert worden und diese Stadt nun gerade so alltäglich wie andere Städte. Aber wenn man auf der Serpentinenbahn den Wagen in einem der Stockwerke untergebracht hat, erwartet uns hundert Meter weiter bereits der Vaporetto, der Wasseromnibus der Stadt, der uns nach der Riva oder dem Lido bringt.

Wir sitzen noch einmal nachts bei »Florian« oder »Quadri« auf dem Markusplatz, dem Empfangssaal Venedigs, diesem wahrhaften Welttheater. Von der Piazzetta haucht der Wind kühlend hinein und trägt den Lagunengeruch vor sich her, das tausendjährige Parfüm der Morbidezza. Die Prokuratien, die den Plan begrenzen, haben dunkle Fenster. Der weiße Marmor der Säulen und Pfeiler hat bei Nacht keinerlei Raumtiefe, und es gehört keine Phantasie dazu, zu glauben, daß rund um uns Kulissen stehen, jene grandiosen Kulissen des großen Welttheaters. Die Kapelle, die allabendlich Verdi und Wagner inmitten des Platzes konzertiert, begleitet vom Rauschen einer promenierenden, schwatzenden Menschenmenge, ist bereits abgetreten. Die Kandelaber strahlen ein gedämpfteres Licht als sonst, denn die Scheiben sind heute gefärbt. Die Bronzemänner auf dem Uhrturm haben mit ihren Hämmern die zwölfte Stunde geschlagen. Auf einem Riesenpodium, das vom Campanile aus quer vor San Marco errichtet wurde, stimmt ein großes Orchester seine Instrumente, während im Hintergrund der Chor aufgebaut ist. Dann beginnt unter dem wechselnden Spiel der farbigen Scheinwerfer das Oratorium von Perosi. An der Fassade der Markuskirche leuchten die Gehäuse auf, in denen die Heiligen stehen, und verlöschen wieder; während die Instrumente und Stimmen sich zuletzt zu einem großartigen Finale steigern, jagen gespenstische Licht- und Schattenfiguren über den Platz.

Wenn man schließlich durch die krummen Gassen schreitet, über Stufen und Treppen, und schwingende kleine Kanalbrükken hinweg — hier zieht noch eine schwarze Gondel durch schwarzes Wasser, dort fällt noch das Licht eines Fensters auf eine Marmormauer — durch die Merceria, am Theater Fenice vorbei, vorüber an Santa Maria Miracoli, denkt man wieder über das Wunder dieser Stadt nach. Noch immer flüstert hier der Zauber einer Brücke zwischen dem Abendland und dem Morgenland, obwohl Venedig heute völlig Europa und zum Teil schon der Neuen Welt angehört; noch immer ist sie die Traumstadt, die unsere Väter und Großväter faszinierte, die uns ein Bild hinterließen, das uns, ungerecht wie Söhne nun einmal sind, so lange als Öldruck erscheint, bis wir selber irgendwann einmal die Lagunenstadt sahen und entdeckten — und ihrer Magie verfielen.

Jan Yoors

Die Zigeuner
(1930)

Ich kann mich noch an lange, heimliche Fahrten bei Nacht in unbekanntes Land erinnern. Die Hufe der Pferde waren mit Stroh und Stoffstreifen umwickelt. Es regnete ununterbrochen. Tagelang waren nahe der Grenze Zigeunerwagen eingetroffen. Wir fuhren meist in der Dämmerung, schlugen das Lager an verborgenen und von der Gajo-Welt weit entfernten Plätzen auf und vermieden soweit wie möglich jeden Kontakt mit ihr. Eines Nachts fanden sich alle an einem Platz zusammen und ordneten sich mit ihren Wagen in eine lange Reihe, um gemeinsam die Grenze zu überschreiten. Wir verließen die Landstraße und fuhren querfeldein durch das unebene Gelände, was nur Zigeunerwagen mit ihren komischen hohen Rädern aushalten können. Mühselig ging es durch den strömenden Regen vorwärts, manchmal nur im Schneckentempo. Dann wateten wir knöcheltief im aufgeweichten Boden, trieben die Pferde mit leisem Zungenschnalzen an und halfen mit Ziehen und Schieben nach. Dann wieder rasten die Wagen rüttelnd und schwankend dahin. Ohne zu verschnaufen rannten die jungen Männer durch den Regen zurück um anderen zu helfen, die nicht nachkamen oder steckengeblieben waren. Unermüdlich arbeiteten sich die Romanischel voran, hinter sich eine tiefe Spur zerstampfter Erde von vielen Pferdehufen, Wagenrädern und menschlichen Fußstapfen zurücklassend. Vom ersten Wagen tönte immer wieder ein leiser Pfiff, der langsam die ganze Reihe entlanglief. Er klang tief und seltsam beruhigend, im Gegensatz zu dem unaufhörlichen Heulen des Windes, dem Patschen und saugenden Glucksen von Füßen und Hufen im Schlamm und dem plötzlichen, rasch erstickten Aufweinen eines Kindes. Dann endlich hörte man wieder lautes Hufgetrappel –

wir hatten eine gepflasterte Straße erreicht. Die Stroh- und Stoffpolster unter den Pferdehufen waren längst abgefallen und im Schlamm verlorengegangen. Der Wind schmeckte nach Rauch von Holzfeuern. Offenbar waren wir bei einer Zigeunergruppe angekommen, die auf uns wartete. Sie begrüßten uns mit gedämpften Freudenrufen. Wegen des Regens hatte man in den Öfen Feuer angezündet. Wir banden die Pferde hinten an den Wagen an, rieben sie rasch ab und deckten sie mit Decken, Zeltbahnen oder Teppichen zu, gaben ihnen Wasser und hängten ihnen einen Hafersack um den Hals. Die langen, weiten Röcke der Frauen bauschten sich hoch im Wind. Wir versuchten so wenig Geräusch wie möglich zu machen.
Später statteten wir den anderen Familien einen Besuch ab und tranken viele Tassen türkischen Kaffees, stumm vor Erschöpfung. Kore und ich zogen unsere schmutzbeschmierten Hosen aus und schliefen in unseren nassen Hemden, da wir ja wie alle Zigeuner keine Kleidung zum Wechseln besaßen. Die ganze Nacht brausten Autos und Lastwagen auf der Hauptstraße vorbei. Das Aufleuchten ihrer Scheinwerfer kam mir nach der Hetzjagd durch die aufgeweichten Felder des Grenzgebietes ganz unwirklich vor; es war ein vertrauter Anblick, der die Spannung und das Ungewöhnliche unserer Lage noch unterstrich. Ich hatte nicht gemerkt, wann wir die schlecht markierte Grenze überschritten hatten, und die andern hatten sicher ebensowenig darauf geachtet. Die Mühen und Strapazen unseres tollkühnen Unternehmens, das blinde Tappen durch die Dunkelheit, gedeckt von Sturm und Regen, hatten alle unsere Kraft und Aufmerksamkeit beansprucht. Aber nun war es geschafft, ohne Zwischenfall und ohne Mißgeschick.
Bei Tagesgrauen standen wir auf, schirrten die Pferde an und folgten — ohne den gewohnten frühen Morgenkaffee — den anderen Wagen, die in die landeinwärts führende Hauptstraße einbogen. Dichter Bodennebel tauchte alles in milchiges, leuchtendes Weiß. Wenn die Pferde und Wagen vor und hinter uns an einer Kurve sichtbar wurden, waren sie wie umsäumt von Sonnenlicht. Noch immer lag eine bleierne Müdigkeit auf uns und alles um uns herum starrte vor ausgetrocknetem Schmutz.

Die lange Reihe der Wagen, die sich eilig durch die Landschaft bewegten, sah aus wie eine Ameisenstraße. Die Rom bemühten sich, unsere verräterische Schmutzspur, die geradenwegs zur Grenze zurückführte, und nicht zu übersehen war, möglichst schnell hinter sich zu lassen. Denn, wie sie sagten, »nicht einmal Fliegen setzen sich auf einen kochenden Topf«.
Ein paar junge Männer aus der kumpania, der wir uns angeschlossen hatten, kamen zu uns und übernahmen die Führung der Wagen. Falls die Polizei uns anhielte, würden sie für uns antworten und auch sonst für unsere Sicherheit sorgen. An einer Weggabelung schwenkten mehrere Wagen nach rechts und links ab. Auch an den nächsten Kreuzungen trennten sich kleine Gruppen von uns und zogen nach einer beiläufig getroffenen Vereinbarung ihre eigenen Wege. Bald waren sie im Nebel verschwunden. Nach einiger Zeit kam die Sonne ganz durch, und der Himmel strahlte in klarem, wohlkenlosem Blau. Wir waren schon lange Zeit gefahren, als vom ersten Wagen ein Mann heruntersprang, am Straßenrand wartete, bis wir ihn erreicht hatten, und dann zu uns heraufkletterte. Er setzte den Fuß auf eine Speiche des sich drehenden Rades und schwang sich gewandt auf unseren Karren. Die Rom begrüßten sich etwas formell, aber ungezwungen. Der Mann hieß Dodo la Kajako. Er hatte ein volles, rundes Gesicht, fröhliche und sehr kluge Augen und einen beträchtlichen Bauch, der auf seine Lebensfreude schließen ließ. Er rauchte eine Meerschaumpfeife mit schon zerkautem Mundstück aus Kirschbaumholz. Wie alle Lowara trug er einen Schnurrbart, aber kürzer geschnitten, als ich es von den anderen kannte. Auf dem Kopf hatte er eine grellbunte Wollmütze, die an eine Jockeykappe erinnerte. Wir fuhren enge, gewundene Straßen entlang, zu beiden Seiten hohe, schattenspendende Bäume, deren Stämme weiß gestrichen waren. Endlich hielten wir an einem versteckten Platz, an dem ein Bach vorbeifloß. Er lag am Ende eines langen, kaum befahrenen, von Unkraut überwucherten Feldweges. Daneben erstreckten sich sumpfige, saftig grüne Wiesen. Hunderte von Schmetterlingen gaukelten umher, und als wir uns näherten, schwebten sie wie eine bunte, riesige Wolke davon. Bald flak-

kerten ein paar Feuer, Trink- und Kochwasser war rasch bei der Hand. Als erstes kümmerten wir uns um die Pferde. Am Bachrand wuschen wir ihnen den angetrockneten Schmutz von den Füßen und Bäuchen. Sie schnaubten und ihre Nüstern zitterten. Pulikas nervöser, »roter« Hengst tänzelte, stieg hoch und spritzte die Jungen, die knietief im Bach standen, voll Wasser. Wir schrubbten die Pferde, bis ihr Fell wieder glänzte und alle Spuren der vergangenen Nacht verschwunden waren.

Allmählich wurde es dämmerig. An die warmen Flanken der Pferde gelehnt, schauten wir zu, wie das Wasser immer dunkler wurde. Dann schwangen wir uns auf ihre breiten Rücken und ritten, sie mit Schenkeldruck lenkend, langsam ins Lager und zur Weide zurück. Das in einem Zigeunerlager übliche Geklapper und Geplapper wurde von dem dichten, hohen Gras ringsumher gedämpft. Leise klang das Murmeln des Baches und das schwache Surren des Windes in den Telegrafendrähten über uns. Dazwischen tönte ein unregelmäßiges Schwirren und das stetige Summen von Insekten. Entspannt saßen die Rom um die Feuer und tranken auf ihre Freundschaft. Die Nacht brach herein, und durch das ganze Lager zog ein würziger Essensgeruch. Ich erinnere mich, daß mir Dodos guter Appetit auffiel – man konnte neidisch werden dabei. Kore und ich gingen von einem Feuer zum anderen und besuchten die Jungen, mit denen wir den Nachmittag und Abend am Bach und auf der Weide verbracht hatten. Die Frauen gaben uns Leckerbissen zu knabbern, die wir nach Lowara-Sitte zunächst ablehnten und erst nach langem Zureden und Schmeicheln annahmen. Der letzte Besuch galt Dodo. Die ganze Familie war ebenso rundlich wie er. Sie hatten drei große Söhne, zwei heiratsfähige Töchter und ein ganzes Rudel kleiner Nachzügler. Die beiden Mädchen, Ludu und Djidjo, zeigten eine verblüffende Mischung aus Unschuld und Sinnlichkeit. Auch ihre langen, schwarzen Zöpfe und ihre sehr dunkle Haut überraschten mich. Sie bewegten sich mit der Anmut junger, noch nicht zu voller Weiblichkeit erwachter Mädchen. Kore mußte mich erst daran erinnern, was sich bei den Lowara gehört, ehe ich meine Augen von ihnen abwenden konnte.

Kurt Tucholsky

Zwei Klöster
(1930)

Das ist meine erste Begegnung mit den Pyrenäen:
Hinter mir die glatte, große, geteerte Atomobilstraße, die von Biarritz nach San Sebastian führt, nun schlängelt sie sich ans Meer, und links, im Osten, liegen die blauen Berge: die Pyrenäen. Sie sind nicht allzu hoch – ihre Linien sind sanft geschwungen, der scharfe Grat ist hier selten, und alle Kuppen sind rund. Es ist wie erstarrte Musik in diesen Höhenzügen. Bei Hendaye stoßen die letzten Ausläufer fast ans Meer. Wir fahren an der Küste entlang.
»Côte d'Argent« ist ein guter Name für sie – die Wellen blitzen silberweiß. Rechts fällt die Küste steil ab, im Geröll suchen Männer nach Vogeleiern. Links stehen die ersten Felsen, nicht sehr majestätisch, aber für eine Anfangsbegrüßung Felsen genug. Der Wagen schnurrt um die Kurven. Wir fahren nach Spanien – zum Kloster des Ignatius von Loyola.
Vorläufig am Wasser entlang, immer am Wasser, und manchmal bremst der Chauffeur und erklärt uns die Landschaft. Wir rollen durch Saint-Jean-de-Luz, und dann durch Hendaye – wo Pierre Loti gestorben ist, wo Unamuno zum großen Ärger der Spanier wohnt und Claude Farrère sich ein Haus bauen läßt – und das da: das ist der Bidassoa-Fluß, die Grenze. Nächtlich, an der Bidassoa lispeln ... ich weiß schon, es hat anderswo gelispelt. Aber dies ist auch sehr schön.
Hier, am Fluß liegt die Fasaneninsel: da haben sie am 7. November 1659, wer wüßte es nicht, den pyrenäischen Frieden abgeschlossen. Die Bevölkerung kennt keinen anderen Gesprächsstoff.
 Zollwächter, Gendarmen, Pässe, Hände an den Mützen, bitte

sehr, danke sehr, Grenzpfahl, dasselbe auf der andern Seite: Spanien. Guten Tag.

Wie Balkons ein Straßenbild verändern! Fuentarabia, als pittoresk gepriesen – aber so leid es mir tut: blitzsaubere Straßen. Wie ich überhaupt auf allen meinen Reisen durch den Süden Frankreichs nicht habe finden können, daß das Geschrei von dem »verlodderten Süden« heute noch seine Richtigkeit hat. Marseille riecht um den alten Hafen herum wie eine Sardinenschachtel, das ist wahr, und in den engen Gassen hinter der Cannebière wird man kaum eine Wohnung mit allem Komfort finden. Aber die kleinen Städte im Midi, die südlichen Städte, die ich hier an den Pyrenäen gesehen habe, sie sind nicht schmutziger und nicht sauberer als jede kleine deutsche Stadt. Der Wagen stuckert.

Vor Zumaya, da, wo die Route das Meer verläßt, um nach Süden zum Kloster abzubiegen, begegneten wir einer eleganten Limousine.

»Das wird er sein!« sagte der Chauffeur unvermittelt. »Wer?« fragte ich. Es war, wenn ihn nicht alles täuschte, ein großer spanischer Tenor aus Madrid, der grade in San Sebastian gastierte. Er hatte ihn gehört. Und im Klappern des Viertakt-Motors sang er ein paar schöne Stellen von Verdi, und nur in den Kurven legte er eine kleine Pause ein. Auch »io sono pittore«. Er hätte eine schöne Stimme, teilte er mit, aber leider, leider fehle es ihm an Geld, sie auszubilden. Denn was jener Tenor heute sei, das vermäße er sich in spätestens zwei Jahren auch zu werden! Und so schauffiere er denn an der Unsterblichkeit vorbei, die Bremsen unter den Füßen, das Steuer in der Hand und eine unerfüllte Künstlersehnsucht im Herzen.

Der Tenor besuche übrigens wahrscheinlich Zuloaga, und er zeigte mir dessen große Villa im Grünen. Da malte er nun.

Jetzt bot die Landschaft nichts Bemerkenswertes, und der Chauffeur wurde gesprächig. Zigeuner zogen an uns vorbei, und er stellte fest, daß diese »bohémiens« aus der Bohème kämen, also aus Böhmen. Das war mir neu. Und dann sprechen wir über die Spanier und über das Elend, das den kleinen Mann bedrückte – in der Tat begegneten uns hier, wie überall

auf den spanischen Grenzfahrten, die ich gemacht habe, Gendarmen, Pfaffen, Pfaffen und Gendarmen, Gendarmen und Pfaffen. Hier wären alle Leute katholisch, sagte der Chauffeur. Zum Beispiel Protestanten, die gäbe es ja gar nicht. Die Protestanten hätten aber auch ihre Geistlichen, sagte er, man nenne sie Rabbiner. Ich erwiderte schonend, daß es auch Protestanten gäbe, die Pfarrer ihr eigen nennen — und das glaubte er schließlich. Und wir fuhren und fuhren.

Nach ein paar Stunden öffneten sich die Berge, ein Tal erscheint, der Wagen rollt auf einer breiten Zufahrtsstraße gerade auf das Kloster zu. Mir bleibt das Herz stehen. Die Basilika mit der hohen Kuppel ragt auf, zwischen grauen Fronten, rechts und links mit vielen holzverschlossenen Fenstern. Sie ladet den Weg ein, in ihren runden Portalen zu münden — er tut es. Weiter hinten, rechts der Chaussee, liegen die Seminargebäude für die hundertfünfzig Novizen der Jesuiten, die hier untergebracht sind — sonst stehen die Basilika und das Heilige Haus des Ignatius, das im Komplex liegt, ganz allein in den Bergen. Das Tal rundum ist still — hier in den Bergen werden die schwarzen Eier ausgebrütet. Das große Haus mit der Kirche und den paar Nebengebäuden — von hier ist die spanische Welt regiert worden, von hier wird auch heute noch so viel leise Regierung vorbereitet ...

Der Ordensgründer hatte gewußt, was er tat. Die verblüffende Ähnlichkeit seiner geistlichen Übungen mit denen der Yogis ist längst aufgedeckt — es ist in der Sache wohl kaum ein Unterschied. Was das Militär aller Länder mit roher Gewalt versucht und nie zu Ende geführt hat, hier ist es mit der glänzenden Geschmeidigkeit gelungen: Menschen ergriffen, ungeformt, in den Zustand der Halblähmung gebracht, geschwächt, um dann die größte Stärke aus ihnen herauszuholen.

Innen gleißt es vor Gold. Der Fußboden ist aus gehämmertem Silber, die Truhen und Altäre aus allem edlen Metall zusammen, das es überhaupt gibt: Gold und Silber und Halbedelsteine und Alabaster und Marmor ... Aber wie ist das gemeistert! An keiner Stelle schreit die Kostbarkeit — alles dient, scheint demütig, Gott. Man darf sich einen Hausflügel ansehen.

Und während wir in dem breiten, dunkelgetäfelten Treppenhaus umhergehen, dringt Stimmengewirr an mein Ohr. Vielleicht kann man hier nicht eintreten? Der spanische Führer macht eine einladende Kopfbewegung.
Da beten die Jesuiten.
Im dunklen Halblicht des grauen Nachmittags sehe ich:
Den, der die Gebetsübung leitet, ein wundervoll feiner Kopf mit goldener Brille, schmallippig, mit grauen Augen. Ein andrer steht daneben. Die kleine Kapelle ist durch ein Gitter abgeteilt, da drinnen sitzen sie, die schwarzen Soutanen auf Dunkelbraun. Ich darf in einen kleinen Nebenraum treten, er hat einen hellen Teppich und ein kleines Fensterchen, das zur Kapelle führt. Davor kniet, aus irgend einem Grunde von den andern abgeschlossen, ein junger Novize, ein schöner, schwarzer Mensch von vielleicht zwanzig Jahren. Sein Gewand hat sich auf den Boden gebreitet. Ich stehe bewegungslos.
Und lausche.
Die Stimme des Leiters ist klar erkennbar. Aber was ist jenes andre? Es rollt, es kehrt wieder, ich kann nicht verstehen. Es sind offenbar viele Männerstimmen – und da sehe ich im Hintergrund der Kapelle zehn oder fünfzehn Novizen, die den Chor bilden. Jetzt höre ich: »Ora pro nobis – ora pro nobis – ora pro nobis – ora pro nobis –«. Es hat mich. Es kehrt immer wieder, und da die Wiederholung die einzig wirklich künstlerische Form ist, die es überhaupt gibt, was Buddha und sein genialer Übersetzer Neumann gewußt haben, weil das Ohr nach dem achten Mal nichts mehr zum Gehirn leitet, sondern eine feine Erschlaffung die Nerven befällt, so dringt das Gift in alle Poren ein. Durch Widerholung wird das Wort fremd und kehrt verwandelt wieder. Welche wundervollen Handbewegungen! Welche Köpfe!
Welche Summe von Charakter, Intelligenz, Wissen, Geistigkeit! Der Schmuck an den Wänden glänzt matt, weiche Teppiche dämpfen den Schritt – ich habe nie so elegant beten sehen.
... Langsam verließ ich den Raum, langsam fuhr der Wagen davon. Hinten in den Bergen, in denen jetzt der Nebel aufstieg, lag das Kloster des heiligen Ignatius von Loyola.

ERNST HEMINGWAY

Paris hat kein Ende
(1923)

Als wir unserer drei waren, statt nur wir zwei, waren es die Kälte und das Wetter, die uns schließlich in der Winterzeit aus Paris vertrieben. Für uns allein war es kein Problem, wenn man sich einmal daran gewöhnt hatte. Ich konnte immer in ein Café gehen und schreiben und konnte den ganzen Vormittag bei einem café crême arbeiten, während die Kellner das Café säuberten und ausfegten und es nach und nach wärmer wurde. Meine Frau konnte auch in einem kalten Raum Klavier üben und sich mit genügend Wolljacken beim Spielen warm halten und nach Hause gehen und sich um Bumby kümmern. Es war jedoch unrecht, ein Baby im Winter ins Café mitzunehmen, selbst ein Baby, das niemals schrie und alles, was passierte, beobachtete und sich niemals langweilte. Damals gab es keine Babysitter, und Bumby blieb vergnügt zu Hause in seinem hohen Gitterbett mit seiner großen, liebevollen Katze, die F. Puss hieß. Es gab Leute, die sagten, es sei gefährlich, eine Katze bei einem Baby zu lassen. Die Unwissendsten und Voreingenommensten sagten, daß eine Katze den Atem des Babys einsaugen und es ersticken würde. Andere sagten, daß die Katze sich auf das Baby legen und es durch ihr Gewicht erdrücken würde. F. Puss lag neben Bumby in dem hohen Gitterbett und beobachtete mit seinen großen, gelben Augen die Tür und ließ niemanden an ihn heran, wenn wir nicht da waren und Marie, die femme de ménage, einmal weggehen mußte. Wir brauchten keine Babysitter, F. Puss war der Babysitter.

Aber wenn man arm ist – und wir waren wirklich arm, nachdem wir aus Kanada zurückgekommen waren und ich mit allem Journalismus Schluß gemacht hatte und überhaupt keine Stories verkaufen konnte —, war es zu schwierig mit einem Baby im Winter in Paris. Mit drei Monaten hatte Mr. Bumby auf einem kleinen Cunarder, der im Januar in zwölf Tagen von New York über Halifax fuhr, den Atlantik überquert. Er schrie überhaupt nicht auf der Reise und lachte vergnügt, wenn er bei stürmischem Wetter in einer Koje verbarrikadiert wurde. Aber unser Paris war zu kalt für ihn.

Wir fuhren nach Schruns in Vorarlberg in Österreich. Nachdem man durch die Schweiz gefahren war, kam man bei Feldkirch an die österreichische Grenze. Der Zug fuhr durch Liechtenstein und hielt in Bludenz, wo eine kleine Seitenlinie abging, die an einem steinigen Forellenwasser entlang, durch ein Tal mit Bauernhöfen und Wäldern bis Schruns führte, einer sonnigen Marktstadt mit Sägemühlen, Geschäften, Gasthöfen und einem guten, ganzjährig geöffneten Hotel, das »Die Taube« hieß, in dem wir wohnten.

Die Zimmer in der »Taube« waren groß und behaglich mit großen Öfen, großen Fenstern und großen Betten und guten Wolldecken und Federbetten. Die Mahlzeiten waren einfach ausgezeichnet, und der Speisesaal und die holzgetäfelte Gaststube waren gut geheizt und gemütlich. Das Tal war weit und offen, so daß man viel Sonne hatte. Die Pension kostete für uns drei ungefähr zwei Dollar am Tag, da der österreichische Schilling durch die Inflation fiel, kosteten das Zimmer und Essen immer weniger. Es war keine schreckliche Inflation und Armut, wie sie in Deutschland gewesen war. Der Schilling ging rauf und runter, aber im längeren Verlauf runter.

In Schruns gab es weder Skilifte noch Seilbahnen, aber es gab Holzabschleppwege und Viehwege, die durch verschiedene Bergtäler ins Hochgebirge führten. Man stieg mit Seehundsfellen auf, die man unter den Skiern angeschnallt hatte. Am oberen Ende der Gebirgstäler waren die großen Alpenvereinshütten für die Sommerbergsteiger, dort konnte man schlafen, und man hinterließ Geld für alles Holz, was man verbrauchte. Zu manchen mußte man sein eigenes Holz hinaufschaffen, oder man heuerte, wenn man auf eine lange Hochgebirgs- oder Gletschertour ging, jemanden an, der einem Holz und Vor-

räte dorthin schaffte, wo man sein Quartier aufschlug. Die berühmtesten dieser hoch gelegenen Schutzhütten waren die Lindauer Hütte, das Madlener Haus und die Wiesbadener Hütte.
Hinter der »Taube« war eine Art Übungshang, wo man durch Obstgärten und Felder lief, und ein anderer guter Hang war jenseits des Tals hinter Tschagguns, wo es ein wunderschönes Wirtshaus mit einer hervorragenden Sammlung von Gamshörnern an den Wänden der Gaststube gab. Hinter dem Holzfällerdorf von Tschagguns, das am anderen Ende des Tales war, erstreckte sich das gute Skigelände immer weiter bergan, bis man schließlich das Gebirge überquerte und hinüber in die Silvretta, in das Gebiet von Klosters gelangen konnte.
Schruns war ein gesunder Aufenthaltsort für Bumby. Ein dunkelhaariges, hübsches Mädchen fuhr ihn in seinem Schlitten in der Sonne spazieren und kümmerte sich um ihn, und Hadley und ich hatten Gelegenheit, all das neue Land und die neuen Dörfer kennenzulernen, und die Leute im Ort waren sehr freundlich. Herr Walther Lent, einer der ersten Hochgebirgsskiläufer, der eine Zeitlang der Partner von Hannes Schneider, dem großen Arlbergskiläufer, gewesen war und mit ihm Skiwachse fürs Aufsteigen und für alle Arten von Schneebeschaffenheit hergestellt hatte, gründete eine Schule für alpines Skilaufen, in der wir uns beide anmeldeten. Walther Lents Methode war, seine Schüler so schnell wie möglich von den Übungshängen wegzubekommen und mit ihnen Ausflüge ins Hochgebirge zu machen. Skilaufen war nicht so, wie es heute ist. Damals war der Bruch der Wirbelsäule noch nichts Alltägliches, und niemand konnte sich ein gebrochenes Bein leisten. Es gab keine Pistenpatrouillen, und man mußte auf jeden Berg, von dem man abfuhr, hinaufklettern. Dadurch bekam man Beine, die zum Abfahren taugten ...
Wir liebten das Vorarlberg, und wir liebten Schruns. Wir fuhren gegen Ende November hin und blieben beinah bis Ostern. Man konnte immer Ski laufen, obwohl Schruns für einen Wintersportplatz – außer in einem Winter mit schweren Schneefällen – nicht hoch genug lag. Aber jeder Aufstieg machte Spaß, und in jenen Tagen störte es niemanden. Man setzte sich eine

gewisse Geschwindigkeit, weit unter dem Tempo, in dem man steigen konnte, und es war leicht, das Herz war in Ordnung, und man war stolz auf das Gewicht seines Rucksacks. Ein Teil des Anstiegs zum Madlener Haus war steil und sehr schwierig, aber wenn man zum zweitenmal dort hinaufstieg, war es leichter, und schließlich schaffte man es mühelos mit dem doppelten Gewicht, das man zuerst getragen hatte.

Wir waren immer hungrig, und jede Mahlzeit war ein großes Ereignis. Wir tranken helles oder dunkles Bier und junge Weine und manchmal Weine, die ein Jahr alt waren. Die Weißweine waren am besten. Andere Getränke waren Kirsch, der im Tal gemacht wurde, und Enzianschnaps, der aus Gebirgsenzian gebrannt wurde. Manchmal gab es zum Mittagessen Hasenpfeffer mit einer üppigen Rotweinsauce und manchmal Wild mit Kastanienpüree. Hierzu tranken wir Rotwein, obwohl er teurer war als der Weißwein, und der allerbeste kostete zwanzig Cents pro Liter. Gewöhnlicher Rotwein war viel billiger, und wir schafften ihn in kleinen Fässern zum Madlener Haus hinauf.

... Schruns war ein guter Platz zum Arbeiten. Ich weiß es, denn dort hatte ich im Winter 1925—26 das Schwierigste an Umschreiben vor, das ich je gemacht habe, als ich die erste Fassung von »Fiesta«, die ich auf einen Sitz in sechs Wochen geschrieben hatte, zu einem Roman umarbeitete. Ich kann mich nicht erinnern, welche Short Stories ich dort schrieb. Aber es waren mehrere, die gut ausfielen.

Ich erinnere mich, wie der Schnee auf der Straße zum Dorf knirschte, wenn wir mit unseren Skiern und Skistöcken auf den Schultern in der Kälte nach Hause gingen, wie wir nach den Lichtern ausschauten und dann schließlich die Häuser sahen, und wie jeder auf der Straße »Grüß Gott« sagte. In der Weinstube waren immer Einheimische mit Nagelschuhen und in Gebirgstracht, und die Luft war rauchig, und die hölzernen Fußböden waren von den Nägeln zerschrammt. Viele der jungen Leute hatten in den österreichischen Alpenregimentern gedient, und einer, der Hans hieß und in der Sägemühle arbeitete, war ein berühmter Jäger, und wir waren gut befreundet, weil wir in Italien im selben Gebirgsabschnitt gewesen waren. Wir tranken zusammen, und wir sangen alle zusammen Gebirgslieder.

Ich erinnere mich an die Pfade, die durch die Obstgärten und die Felder der Bauernhöfe am Hügelhang über dem Dorf hinaufführten, und an die warmen Bauernhäuser mit ihren großen Öfen und den riesigen Holzhaufen im Schnee. Die Frauen arbeiteten in der Küche und krempelten und spannen Wolle zu grauen und schwarzen Fäden. Die Spinnräder wurden mit einem Tretbrett in Bewegung gesetzt, und die Fäden waren nicht gefärbt. Die schwarzen Fäden stammten aus der Wolle schwarzer Schafe. Es war Naturwolle, und sie war nicht entfettet worden, und die Mützen und Sweater und langen Schals, die Hadley daraus strickte, wurden im Schnee niemals naß.

André Gide

Die türkische Reise
(April 1914)

An Em.
Für dich reiße ich aus meinem Reisetagebuch diese Blätter, für dich schreibe ich, als Postskriptum der unzulänglichen Briefe, die ich von dort unten an dich richtete, diese noch unzulänglicheren Blätter ab. Ich nahm mir vor, sie zu vervollständigen, sie fertigzumachen; ich kann es nicht. Man macht auf der Reise von einem Tag zum anderen Notizen, in der Hoffnung, nach der Rückkehr die Erzählung mit Muße wieder aufzubauen, sorgfältig die Landschaften nachzuzeichnen; dann merkt man, daß alle Kunst, die man darauf verwendet, nur dazu führt, die ursprüngliche Empfindung aufzulösen, deren naivster Ausdruck immer der beste bleiben wird. Ich übertrage also diese Notizen so wie sie sind und ohne ihre Unreife zu versüßen. Ach! die besonders erfüllten, die von den lebhaftesten Empfindungen erfüllten Tage sind auch die, von denen in diesem Heft nichts bleibt; es sind die, an denen ich nur Zeit hatte, zu leben.
... Oh, wie war das Licht schön! als ich, nach Überquerung des Sattels, den andern Hang entdeckte ... Ich hatte meine Gefährten die Wagen wieder besteigen lassen und den Aufstieg allein zu Fuß fortgesetzt, schräg ansteigend, abkürzend, den Schritt beschleunigend, in dem Wunsch, vor ihnen auf den Sattel zu gelangen und dort einen Augenblick zu verweilen; aber er wich unaufhörlich zurück, wie es im Gebirge zu sein pflegt, wo die scheinbar letzte Höhe eine fernere verbirgt, wo sich wieder eine neue Erhebung enthüllt. Es war die Stunde, da die heimkehrenden Herden die Berghänge beleben, und lange ging ich im Schatten, wo die Vögel vor dem Einschlafen sangen.
Auf dem anderen Hang war alles aus Gold. Die Sonne ging hinter dem See von Nicäa unter, zu dem wir hinuntersteigen

wollten und den der horizontale Sonnenstrahl aufblendete. Man gewahrte, halb vom Grün verborgen, das kleine Dorf Isnik in den zu weiten Mauern der antiken Stadt. Da die Zeit drängte, warfen sich unsere Wägen in einer Sturzfahrt hinab, die Straßenkurven verachtend, durch halsbrecherische Abkürzungen den Weg abschneidend. Ich verstehe nicht mehr recht, was eigentlich einen Wagen umwerfen kann, da unsere nicht umgestürzt sind ... Am Fuße des Berges sind die Pferde stehengeblieben, um sich zu verschnaufen; eine Quelle war da, und ich glaube, man hat sie trinken lassen. Wir waren vorher weitergegangen. Die Luft war seltsam mild; Wolken von Eintagsfliegen tanzten in der Vergoldung des Abends. Zu unserer Rechten sah man, obwohl der Himmel schon dunkel war, nicht einen Stern; und wir staunten, daß Venus schon so stark glänzen konnte, als einzige, über der Feuersbrunst des Himmels. Als wir die Pforte des Hadrian durchschreiten wollten, hat der Mond angefangen, über der Bergschulter emporzusteigen, der Vollmond, riesig, plötzlich und überraschend wie ein Gott. Und seit meiner ersten Ankunft in Tuggurt glaube ich keine seltsamere Gemütsbewegung mehr verspürt zu haben als beim nächtlichen Eintritt in das kleine Dorf Isnik, das sich verschämt, schimmelig, von Elend und Fieber zersetzt, in seine feierlichen Ruinen und seine allzu riesige Vergangenheit kauert.
Nach einem kurzen Mahl, bestehend aus den Vorräten, die wir von Brussa mitgenommen hatten, sind wir wieder in die Nacht hinausgegangen. Der Mondschein war sanft und prächtig. Schlammlöcher beim Heraustreten aus der Herberge; der Boden scheint verfault. Vor der Tür ein bewegungsloses Kind, an die Mauer gelehnt; sein Gesicht ist von einem Geschwür zerfressen. Wir überlassen uns dem Zufall. Am Ende einer grundlosen Straße öffnet sich der freie Raum; vor uns wiegen sich große bleiche Blumen, deren Stiel man nicht gewahrt und die zu schwimmen scheinen; es ist ein Mohnfeld.
Nicht weit davon weint ein Käuzchen auf der Ruine einer Moschee; der Vogel fliegt fort, als wir uns nähern. Wir kehren zu dem geheimnisvollen Dorf in seiner Betäubung zurück. Nicht ein Feuer; nicht ein Geräusch; alles scheint tot.

Karl Kraus

Die Malerischen
(1908)

Zwei einander feindliche Prinzipe bewegen unser geistiges Dasein: der Sinn für das Malerische und das Gefallen am Nützlichen. Ich möchte hundert gegen eins wetten, daß der Mensch, der sozusagen im Leben steht, also der Philister, dem Malerischen den Vorzug gibt, während der Dichter sichs am Nützlichen genügen läßt. Denn der Dichter braucht die freie Bahn des äußeren Lebens, um zu den Wundern zu gelangen, die er aus sich selbst holt. Er trägt alle Himmelssonnen in seinem Kopf, und um sie recht zu genießen, braucht er nur eine Lampe, die tadellos funktioniert. Daß es Automobildroschken gibt, die ihn schnell und bequem an den Schreibtisch bringen, ist ihm wichtiger als das Bewußtsein, daß im Museum seiner Stadt ein echter Correggio hängt. Dem Philister hingegen ist der Correggio unentbehrlich, auch wenn er etwa nicht in der Lage sein sollte, ihn von einem echten Knackfuß zu unterscheiden. Der Philister lebt in einer Gegenwart, die mit Sehenswürdigkeiten ausgestattet ist; der Künstler strebt in eine Vergangenheit, eingerichtet mit allem Komfort der Neuzeit. Jener muß sich aus den Hindernissen des äußeren Lebens nichts machen, denn er hat kein inneres Leben, das von ihnen bedroht wäre. Und wenn seine dicke Haut sie dennoch spürt, so bleibt ihm ja ein Trost: die Kunst. Sie ist dem Philister der Aufputz für des Tages Müh und Plage, und er schnappt nach den Ornamenten, wie der Hund nach der Wurst. Selbst die Hindernisse des Lebens locken ihn durch ihren malerischen Anstrich. Ich empfinde die Peitsche eines italienischen Kutschers, deren Knall das Angebot seiner »Carrozza!« verstärken soll, als wahre Gottesgeißel. Ich möchte mich loskaufen von der Pein, mit der der öde Wille des inferioren Nebenmenschen in meine geistigen Kreise dringt. Meinetwegen könnte die Taxe überschritten werden, die man dafür erlegen soll, daß man nicht zum Fahren aufgefordert wird. Auch empfinde ich die Herrschaft, die die italienischen Kinder über die Straße ausüben, als unerträgliche Tyrannis, wiewohl sich die künftige Kutschergeneration damit begnügt, nach einer Zigarette zu verlangen, wenn ein Vulkan raucht oder gar der Kopf des Betrachters. Alle diese Hindernisse sind aber im höchsten Grade »pittoresk« und danach angetan, das Herz des sächsischen Vergnügungsreisenden zu erfreuen, dem getrost die Bettelkinder über die Gedanken laufen mögen, wie die Fliegen über die Makkaroni. Ich hätte mir den Golf von Neapel schöner vorstellen können, als er ist, und ohne die störenden Begleitumstände, die mir dort unten den Eindruck verderben mußten. Aber ich war gereist, um noch unbekannte Quellen der Enttäuschung kennen zu lernen, und kehre befriedigt heim. Man hofft, es werde gehen, wenn man die Sprache des Landes nicht versteht, eine Zeitlang hilft das, aber sobald die Menschen merken, daß man es auf den Lebensgenuß abgesehen hat und auf das Glück der Ruhe, dann liest man es von allen Mienen geläufig: Lasciati ogni speranza.

Was zurückbleibt, ist das Malerische. Man ist auf die blaue Grotte angewiesen. Könnte eine Sehenswürdigkeit aber auch enttäuschender nach einer bekannten Ansichtskarte hergestellt sein? Von diesen Wänden tropft das Staunen der Reisenden aus Kötzschenbroda, und weil dieses Blau im Laufe der Zeit ein etwas kitschiges Genre geworden ist, darum fährt der Bootsmann gleich bei der Einfahrt in seine Nase, um wieder einen aparteren Zug in die Sache zu bringen. Aber was hilfts? Irgendwo hat sich ein Echo verfangen, das Herrjeses! ruft, auch wenn man auf einsamem Kahn schweigend dahingleitet, in Gottes Wunder versunken, bis der Bootsmann wieder den Ausweg gefunden hat ... Übrigens hatte ich Deutschland gerade in den Tagen verlassen, als die Nachricht kam, daß ein paar Hundert von den Leuten, die sonst in der blauen Grotte schwelgen, der Hinrichtung der Grete Beier beigewohnt hatten. O über den Sinn für das Malerische! Der Unterschied liegt nur in der Klei-

„Gerechtigkeit..
Kopf ab ...
fein säuberlich"

dung des Betrachters. Für die Hinrichtung der Grete Beier war ausdrücklich Frack und Gehrock vorgeschrieben, während die blaue Grotte auch im Lodenanzug besucht werden kann. Aber wer wird auf Äußerlichkeiten halten? Die Hauptsache ist, daß in beiden Fällen ein ehrliches Jägersches Normalhemd darunter pocht. Als der Kopf eines Mädchens fiel, rief ein vereinsamtes Echo: Herrjeses! ... Ein Psychiater jedoch war anderer Meinung und sagte, »um solche Exemplare des homo sapiens sei es nicht schade, denn sie sei stark messalinisch veranlagt gewesen und auch ihre Reue habe keinen inneren ethischen Wert gehabt«. der stark neronisch veranlagte Psychiater bedauerte später, daß seine private Äußerung durch alle Blätter Deutschlands gegangen sei. Aber diese Reue hatte keinen inneren ethischen Wert und selbst die Gegner der Todesstrafe an Psychiatern meinten, daß es um solche Exemplare des homo sapiens nicht schade wäre...

Der Hotelportier ist eine Person, die namentlich auf Reisen stört. Er schiebt sich zwischen den Reisenden und die Eindrücke, ohne jedoch vermittelnd zu wirken. Im Gegenteil entzweit er beide Teile selbst dort, wo sie aufeinander geradezu angewiesen sind. Indem er sich wie der leibhaftige Vertreter des Mr. Cook gebärdet – jener sagenhaften Persönlichkeit, unter der man sich einen Kolumbus von fünf Weltteilen vorstellen mag –, dirigiert er die Passagiere immer dorthin, wohin sie eigentlich nicht gelangen wollten. Ich kann und will es nicht sagen, in wie viel unrichtige Züge ich auf den Rat der Hotelportiers gestiegen bin, denen ich auf meinen Reisen zu begegnen das Pech hatte. Was den Hotelportier, der auf der Höhe der Situation steht, vor allem auszeichnet, das ist die Präzision der falschen Auskunft. An der Hand des Kursbuches und mit den Worten: »Das werden wir gleich haben!« schickt er den Mann, der nach Mailand wollte, unfehlbar nach Brindisi. Oder er würde auf die Frage, ob es günstiger sei, den Seeweg zu nehmen, wenn man von Berlin nach Frankfurt wolle, gelassen antworten: »Ja, das könn' Se machen!«; und zwischendurch geistesgegenwärtig einem andern Neugierigen aus dem Straßenplan nachweisen, daß er von der Friedrichstraße nicht direkt nach den Linden kommen könne. Ein Hotelportier darf eben nie den Kopf verlieren. Er hat alles parat, obschon zumeist das Gegenteil. Man versuche es nur einmal, ihn nach der Beschaffenheit der dänischen Seebäder zu fragen: er wird einem das Nordbad Fanö wegen seines Waldreichtums und die Ostküste wegen ihres Strandes empfehlen. Wenn einer nun eingesehen hat, daß er auf Reisen von den Hotelportiers nicht profitieren kann, so erliegt er nur zu leicht wieder der Versuchung, ihnen etwas von den Erfahrungen mitzuteilen, die er schlecht und recht auf eigene Faust sich erworben hat. Aber er sät auf steinigem Boden. Enttäuscht zieht er sich aus der Portierloge zurück und erkennt die Nichtigkeit menschlichen Mühens. Wahrlich, wenn Hotelportiers nicht bloß einen dekorativen Zweck haben, so sind es Attrappen, Vexiergebilde, scherzhafte Vorrichtungen zur Irreführung des Publikums. Sicher weiß mans aber nicht; das ist es eben. Man möchte gern das Gegenteil von dem tun, was sie einem raten, doch leider ist auch auf diesen Weg kein Verlaß. Denn es kann vorkommen, daß ein Hotelportier irrtümlich eine richtige Auskunft gibt, und dann steht man da! O, es wird sich einmal herausstellen, daß diese Männer in den Portierslogen geboren und gleich Kant nie aus ihrem Geburtsort herausgekommen sind. Wie hätten sie auch mit ihren geringen Kenntnissen vom Eisenbahnwesen die Reise in die fernen Länder antreten können, in deren Hotels sie heute ihre eigenartige Tätigkeit entfalten? Sie sind schon auf dem Standpunkt aufgewachsen, auf den unsereins erst nach mannigfachen Ärgernissen und Enttäuschungen gelangt: daß es viel schöner ist, sich das Reisen vorzustellen.

Und muß man denn wirklich erst reisen, um zu erfahren, daß es so viele Berufe gibt, deren Nützlichkeit mit ihrer koloristischen Wirkung nicht gleichen Schritt hält? ... Und hat man sich vollends schon einmal gefragt, was die sonderbaren Männer zu bedeuten haben, die im Restaurant oder Kaffeehaus plötzlich vor uns hintreten und sich stumm verbeugen? Mit Mühe ist es mir gelungen, herauszubringen, daß es die Besitzer sind. Aber diese Erschließung hatte mit so vielen anderen erweislichen Wahrheiten gemeinsam, daß sie mich nicht befriedigte ... Was wollen diese Leute nur, die nichts zu tun haben, als uns zu zeigen, daß sie da sind? Ich kannte einen Cafétier, der täglich mit einem Blick vor mich hintrat, gegen den das Ave Caesar, morituri te salutant eine leere Versprechung war. Ob nun darin bloß eine unzerstörbare Ergebenheit lag, oder auch der stille Vorwurf, daß das Geschäft nicht sehr gut ging, nie vergesse ich diesen Blick eines verendenden Kaffeesieders. Wie anders wirkte der Hotelier eines Kurortes auf mich ein, dessen stummer Gruß weltmännisches Gehaben bedeutete, ohne daß ich mir freilich zu erklären wußte, warum es gerade vor mir produziert wurde. Als ich mich aber einmal zu der unvorsichtigen Bemerkung hinreißen ließ, daß das Rindfleisch heute gut sei, vernahm ich die folgende Ansprache: »Es ist erfreulich, ein solches Lob aus so kompetentem Munde zu vernehmen, und soll dies uns ein Ansporn sein, nicht zu erlahmen, sondern unerschrocken auf dem einmal betretenen Pfade fortzufahren.«

... »Carozza!« knallt es, »Cigaretta« bettelt es hinter mir her; Kinder jammern, Tiere wimmern. Auf allgemeines Verlangen entschließe ich mich endlich, meine Zigarette hinzugeben und eine Karosse zu besteigen. Wenn die arme Mähre überhaupt nicht mehr will, ruft der Kutscher im Tone der äußersten Bewunderung: »Ah!« ... Es ist aber auch im höchsten Grade malerisch. Je schwieriger und holperiger, um so malerischer wird es. Auf dem Weg des Lebens ergeben sich Hindernisse. Und immer mehr Leute nehmen auf dem Kutschbock Platz, immer mehr Hadernballen sollen aufgeladen werden, und hinten hängen die lieben Kleinen, die weiter nichts wollen als eine Zigarette. Und sooft oben einer aufsitzt, meint der Kutscher entschuldigend: mio fratello —! Das schlägt alle Einwände, besiegt alle Hindernisse. Immer wieder sitzt mio fratello oben auf. Die Familie muß sehr zahlreich sein. Sie riecht nicht gut: doch sie ist malerisch.

Hermann Hesse

Über das Reisen
(1904)

Als mir nahegelegt wurde, etwas über die Poesie des Reisens zu schreiben, schien es mir im ersten Augenblicke verlockend, einmal von Herzen über die Scheußlichkeiten des modernen Reisebetriebes zu schimpfen, über die sinnlose Reisewut an sich, über die öden, modernen Hotels, über Fremdenstädte wie Interlaken, über Engländer und Berliner, über den verschandelten und maßlos teuer gewordenen Schwarzwald, über das Geschmeiß von Großstädtern, die in den Alpen leben wollen wie zu Hause, über die Tennisplätze von Luzern, über Gastwirte, Kellner, Hotelsitten und Hotelpreise, verfälschte Landweine und Volkstrachten. Aber als ich einmal in der Bahn zwischen Verona und Padua einer deutschen Familie meine diesbezüglichen Ansichten nicht vorenthielt, wurde ich mit kühler Höflichkeit ersucht, zu schweigen; und als ich ein andermal in Luzern einen niederträchtigen Kellner ohrfeigte, wurde ich nicht ersucht, sondern tätlich gezwungen, das Haus mit unschöner Eile zu verlassen. Seither lernte ich mich beherrschen.

Auch fällt mir ein, daß ich doch im Grunde auf allen meinen kleinen Reisen überaus vergnügt und befriedigt war und von jeder irgend einen großen oder kleinen Schatz mitgebracht habe. Wozu also schimpfen?

Über die Frage, wie der moderne Mensch reisen solle, gibt es viele Bücher und Büchlein, aber meines Wissens keine guten. Wenn jemand eine Lustreise unternimmt, sollte er doch eigentlich wissen, was er tut und warum er es tut. Der reisende Städter von heute weiß es nicht. Er reist, weil es sommers in der Stadt zu heiß wird. Er reist, weil er im Wechsel der Luft, im Anblick anderer Umgebungen und Menschen ein Ausruhen von ermüdender Arbeit zu finden hofft. Er reist in die Berge, weil eine dunkle Sehnsucht nach Natur, nach Erde und Gewächs ihn mit unverstandenem Verlangen quält; er reist nach Rom, weil es zur Bildung gehört. Hauptsächlich aber reist er, weil alle seine Vettern und Nachbarn auch reisen, weil man nachher davon reden und damit großtun kann, weil das Mode ist und weil man sich nachher zu Hause wieder so schön behaglich fühlt.

Das alles sind ja begreifliche und honette Motive. Aber warum reist Herr Krakauer nach Berchtesgaden, Herr Müller nach Graubünden, Frau Schilling nach Sankt Blasien? Herr Krakauer tut es, weil er so viele Bekannte hat, die auch immer nach Berchtesgaden gehen, Herr Müller weiß, daß Graubünden weit von Berlin liegt und in Mode ist, und Frau Schilling hat gehört, in Sankt Blasien sei die Luft so gut. Alle drei könnten ihre Reisepläne und Routen vertauschen, und es wäre ganz dasselbe: Bekannte kann man überall haben, sein Geld kann man überall loswerden, und an Orten mit guter Luft ist Europa unermeßlich reich. Warum also gerade Berchtesgaden? Oder Sankt Blasien? Hier liegt der Fehler. Reisen sollte stets Erleben bedeuten, und etwas Wertvolles erleben kann man nur in Umgebungen, zu welchen man seelische Beziehungen hat. Ein gelegentlicher hübscher Ausflug, ein fideler Abend in irgend einem Wirtsgarten, eine Dampferfahrt auf einem beliebigen See sind an sich keine Erlebnisse, keine Bereicherungen unseres Lebens, keine mit stetiger Kraft fortwirkenden Anregungen. Sie können dazu werden, aber kaum für die Herren Krakauer und Müller.

Vielleicht gibt es für diese Leute überhaupt keinen Ort auf der Erde, zu welchem sie tiefere Beziehungen haben. Es gibt für sie kein Land, keine Küste oder Insel, keinen Berg, keine alte Stadt, von der sie mit Ahnungskraft angezogen werden, deren Anblick ihnen Lieblingsträume erfüllt und deren Kennenlernen ihnen ein Schätzesammeln bedeutet. Trotzdem könnten sie glücklicher und schöner reisen, wenn doch einmal gereist sein muß. Sie müßten vor der Reise, sei es auch nur auf der Landkarte, sich wenigstens flüchtig über das Wesentliche des Landes und Ortes, wohin sie fahren, unterrichten, über das Verhältnis, in welchem seine Lage, seine Bodengestalt, sein Klima und Volk zur Heimat und gewohnten Umgebung des Reisenden steht. Und während des Aufenthaltes am fremden Orte müßten sie versuchen, sich in das Charakteristische der Gegend einzufühlen. Sie müßten Berge, Wasserfälle, Städte nicht nur im Vorbeigehen als Effektstücke anstaunen, sondern jedes an seinem Orte als notwendig und gewachsen und darum als schön erkennen lernen.

Wer hierzu den guten Willen hat, kommt leicht von selbst auf die schlichten Geheimnisse der Reisekunst. Er wird nicht in Syrakus Münchner Bier trinken wollen und es, wenn er es je dort bekommt, schal und teuer finden. Er wird nicht in fremde Länder reisen, ohne deren Sprache einigermaßen zu verstehen. Er wird nicht Landschaft, Menschen, Sitten, Küche und Weine der Fremde nach dem Maßstabe seiner Heimat messen und den Venetianer schneidiger, den Neapolitaner stiller, den Berner höflicher, den Chianti süßer, die Riviera kühler, die Lagunenküste steiler wünschen. Er wird versuchen, seine Lebensweise dem Brauch und Charakter des Ortes anzupassen, er wird in Grindelwald früh und in Rom spät aufstehen usw. Und er wird namentlich überall versuchen, sich dem Volke zu nähern und es zu verstehen. Er wird also nicht in internationaler Reisegesellschaft verkehren und nicht in internationalen Hotels wohnen, sondern in Gasthöfen, deren Wirte und Angestellte Einheimische sind, oder noch besser bei Privatleuten, in deren häuslichem Leben er ein Bild des Volklebens hat.

Man würde es unsäglich lächerlich finden, wenn ein Reisender in Afrika sich mit Gehrock und Zylinder aufs Kamel setzen wollte. Aber man findet es selbstverständlich, in Zermatt oder Wengen Pariser Kostüme zu tragen, in französischen Städten deutsch zu reden, in Göschenen Rheinwein zu trinken und in Orvieto dieselben Speisen zu essen wie in Leipzig. Wenn du diese Art von Reisenden nach dem Berner Oberland fragst, so sprechen sie entrüstet über die hohen Fahrpreise der Jungfraubahn, und wenn du sie auf Sizilien zu sprechen bringst, so erfährst du, daß es dort keine heizbaren Zimmer gebe, daß man aber in Taormina eine vorzügliche französische Küche antreffe. Fragst du nach dem dortigen Volk und Leben, so erzählen sie dir, man trage daselbst unendlich komische Trachten und rede einen völlig unverständlichen Dialekt.

Genug davon. Ich wollte ja von der Schönheit des Reisens reden, nicht von der Unvernunft der meisten Reisenden.

Die Poesie des Reisens liegt nicht im Ausruhen vom heimischen Einerlei, von Arbeit und Ärger, nicht im zufälligen Zusammensein mit anderen Menschen und im Betrachten anderer Bilder. Sie liegt auch nicht in der Befriedigung einer Neugierde. Sie liegt im Erleben, das heißt im Reicherwerden, im organischen Angliedern von Neuerworbenem, im Zunehmen unseres Verständnisses für die Einheit im Vielfältigen, für das große Gewebe der Erde und Menschheit, im Wiederfinden von alten Wahrheiten und Gesetzen unter ganz neuen Verhältnissen.

Dazu kommt das, was ich speziell die Romantik des Reisens nennen möchte; das Mannigfache der Eindrücke, das beständige heitere oder bängliche Warten auf Überraschungen, vor allem aber das Köstliche des Verkehrs mit Menschen, die uns neu und fremd sind. Der musternde Blick des Portiers oder Kellners ist in Berlin derselbe wie in Palermo, aber den Blick des rhätischen Hirtenknaben, den du auf einer abseitigen Graubündener Weide überraschtest, vergißt du nicht. Du vergißt auch nicht die kleine Familie in Pistoja, bei der du einmal zwei Wochen gewohnt hast. Vielleicht entfallen dir die Namen, vielleicht erinnerst du dich der kleinen Schicksale und Sorgen jener Menschen nimmer deutlich, aber du wirst nie vergessen, wie du erst den Kindern, dann der blassen kleinen Frau, danach dem Manne oder dem Großvater in einer glücklichen Stunde näher kamst. Denn du hattest mit ihnen nicht über wohlbekannte Dinge zu reden, nicht an Altes und Gemeinsames anzuknüpfen, du warst ihnen so neu und fremd wie sie dir und du mußtest das Konventionelle ablegen, aus dir selbst schöpfen und auf die Wurzeln deines Wesens zurückgehen, um ihnen etwas sagen zu können. Du sprachst mit ihnen vielleicht über Kleinigkeiten, aber du sprachst mit ihnen als Mensch zu Menschen, tastend und fragend, mit dem Wunsche, diese Fremden ein wenig verstehen zu lernen, dir ein Stück ihres Wesens und Lebens zu erobern und mit dir zu nehmen.

Schönes Florenz
um 1904

Wer in fremden Landschaften und Städten nicht lediglich dem Berühmten, Auffallendsten nachgeht, sondern Verlangen trägt, das Eigentliche, Tiefere zu verstehen, und mit Liebe zu erfassen, in dessen Erinnerung werden meistens Zufälligkeiten, Kleinigkeiten einen besonderen Glanz haben. Wenn ich an Florenz denke, sehe ich als erstes Bild nicht den Dom oder den alten Palast der Signorie, sondern den kleinen Goldfischteich im Giardino Boboli, wo ich an meinem ersten Florentiner Nachmittag ein Gespräch mit einigen Frauen und ihren Kindern hatte, zum erstenmal die Florentiner Sprache vernahm und die mir aus soviel Büchern vertraute Stadt zum erstenmal als etwas Wirkliches und Lebendes empfand, mit dem ich reden und das ich mit Händen fassen konnte. Der Dom und der alte Palast und alles Berühmte von Florenz ist mir darum nicht entgangen; ich glaube es besser erlebt und mir herzlicher zu eigen gemacht zu haben, als viele fleißige Baedekertouristen, es wächst mir aus lauter kleinen, nebensächlichen Erlebnissen sicher und einheitlich heraus, und wenn ich ein paar schöne Bilder der Uffizien vergaß, so habe ich dafür die Erinnerung an Abende, die ich mit der Hauswirtin in der Küche, und an Nächte, die ich mit Burschen und Männern in kleinen Weinschenken verplauderte, und an den gesprächigen Vorstadtschneider, der mir unter seiner Haustüre die zerrissenen Hosen auf dem Leibe flickte und mir da feurige politische Reden, Opernmelodien und fidele Volksliedchen zum besten gab. Solche Bagatellen werden oft zum Kern wertvoller Erinnerungen. Dadurch, daß ich dort einen Faustkampf mit einem in die Wirtstochter verliebten Burschen bestand, ist mir das hübsche Städtchen Zofingen trotz der Kürze meines Dortseins — es waren zwei Stunden — unvergeßlich. Das reizende Dorf Hammerstein, südlich vom badischen Blauen, stände mir nicht mit allen Dächern und Gassen so klar und schön vor der Erinnerung, wenn ich es nicht einst spät am Abend nach einer langen, schlimmen Irrwanderung im Wald unvermutet erreicht hätte. Ich sah es ganz plötzlich und unvermutet, da ich um einen Bergvorsprung bog, in der Tiefe unter mir liegen, still und schläfernd und Haus an Haus geschmiegt, und dahinter stand der eben aufgehende Mond. Wäre ich auf der bequemen Landstraße hingekommen und durchgewandert, so wüßte ich nichts mehr davon. So war ich nur eine Stunde dort und besitze es als ein schönes, liebes Bild für Lebenszeit. Und mit dem Bilde dieses Dörfleins besitze ich die lebendige Vorstellung einer ganzen, eigenartigen Landschaft.

Wer je in jungen Jahren mit wenig Geld und ohne Gepäck ein gutes Stück gewandert ist, kennt diese Eindrücke wohl. Eine im Kleefeld oder im frischen Heu verbrachte Nacht, ein in entlegener Sennhütte erbetteltes Stück Brot und Käse, ein unvermutetes Eintreffen im Wirtshaus bei einer dörflichen Hochzeit, zu deren Mitfeier man eingeladen wurde, das bleibt fest im Gedächtnis.

Allein es soll über dem Zufälligen nicht das Wesentliche, über der Romantik nicht die Poesie vergessen werden. Sich unterwegs treiben lassen und auf den lieben Zufall vertrauen, ist gewiß eine gute Praxis, aber einen festen, bestimmten Inhalt und Sinn muß jede Reise haben, wenn sie erfreulich und im tieferen Sinn ein Erlebnis sein soll. Aus Langeweile und fader Neugierde in Ländern umher zu bummeln, deren inneres Wesen einem fremd und gleichgültig ist und bleibt, ist sündlich und lächerlich. Ebenso wie eine Freundschaft oder Liebe, die man pflegt und der man Opfer bringt, wie ein Buch, das man mit Bedacht auswählt und kauft und liest, ebenso muß jede Vergnügungs- und Studienreise ein Liebhaben, Lernenwollen, Sichhingeben, bedeuten. Sie muß den Zweck haben, ein Land und Volk, eine Stadt oder Landschaft dem Wanderer zum seelischen Besitz zu machen, er muß mit Liebe und Hingabe das Fremde belauschen und sich mit Ausdauer um das Geheimnis seines Wesens bemühen. Der reiche Wursthändler, der aus Protzerei und Bildungsmißverstand nach Paris und Rom fährt, hat nichts davon. Wer aber lange, heiße Jugendjahre lang die Sehnsucht nach den Alpen oder nach dem Meere oder nach den alten Städten Italiens in sich getragen und endlich Reisezeit und Reisegeld sich knapp erspart hat, der wird jeden Meilenstein und jede sonnige, von Kletterrosen überhangene Klostermauer und jeden Schneegipfel und Meeresstrich der Fremde mit Leidenschaft an sich reißen und nicht vom Herzen lassen, ehe er die Sprache dieser Dinge verstand, ehe ihm das

Tote lebendig und das Stumme redend geworden ist. Er wird in einem Tage unendlich viel mehr erleben und genießen als ein Modereisender in Jahren, und er wird für Lebenszeit einen Schatz von Freude und Verständnis und beglückender Sättigung mitbringen.

Wer Zeit und Geld nicht zu sparen braucht und Lust am Reisen hat, dem müßte es ein treibendes Bedürfnis sein, die Länder, in welchen er für sein Auge und Herz Begehrenswertes ahnt, Teil für Teil sich zu eigen zu machen und in langsamem Lernen und Genießen sich ein Stück Welt zu erobern, in vielen Ländern Wurzel zu schlagen und aus Ost und West Steine zum schönen Gebäude eines umfassenden Verständnisses der Erde und ihres Lebens zu sammeln ...

HANS THOMA

Brief aus Spezia

Spezia am Mittelländischen Meer, 2. Juni 1874

Nun bin ich seit drei Tagen am großen Meere — es ist herrlich, und ich halte das Meer für das Schönste, was es auf Erden gibt, — diese Reinheit und Klarheit und Farbenpracht! Am Dreifaltigkeitstag fuhren wir in einem kleinen Schifflein nach einem kleinen Ort Portovenere, der auf Felsen ins Meer hinausgebaut ist. Die Fahrt war wunderschön, und ich habe Euch herbeigewünscht. — Der klarste Morgen, das Meer ohne Ende, voll Schiffen mit weißen Segeln — dabei eine erhabene Stille. — Der Ort, an dem wir anlangten, ist nun das Merkwürdigste, was ich je gesehen; Ruinen eines alten Venustempels stehen auf einem Felsen, der ins Meer hineinragt, und auf den Tempelruinen nochmals die Ruinen einer Kirche. Da stand ich so oben und sah erst recht die Unendlichkeit des Meeres — unter meinen Füßen tobte es mit weißem Schaum an die Felsen hin; immer wieder kehren die Wellen und zerschlagen sich am Fels und kehren schäumend zurück. — Am Land her stehen hohe Felsengebirge mit jähem Absturze nach dem Meere zu. — Fast schwindelte mir, und eine heilige Ehrfurcht erfüllte meine Seele vor dieser Größe. Nun kenne ich Italien erst recht, seit ich auch das Meer gesehen. Wir bleiben noch ein paar Tage hier und arbeiten fleißig — ich hoffe, viel Nutzen von der Reise zu haben.

Lerici, 3. Juni. Wir gingen heute morgen zu Fuß am Meere her — es lag vor uns in einem Glanz wie von Perlmutter; — nach einer Stunde aber sperrten uns Felsen den Weg, und nur ein schmaler Fußweg führte die Felsen hinauf, oft so steil, daß wir mit allen Vieren klettern mußten. Dann führte der Weg hoch oben hin an Felsen, ganz unheimlich, wenn auch nicht gefährlich — unter uns die Wellen, die immer fort und fort mit wei-

ßem Schaum die Felsen peitschten, und, so weit wir sahen, das blaue Meer. Das war ein großer, gewaltiger Anblick! So ging es eine halbe Stunde. Der Weg war schmal, und an einigen Stellen konnte man nicht ohne Schaudern heruntersehen. Dann kamen wir durch reiche Olivenwälder und Feigenwälder in wieder einer halben Stunde nach St. Terenzo. Von dort fuhren wir im Schifflein hierher nach Lerici, wo wir heute und morgen bleiben. Es ist ein kleines Städtchen. Auf dem Fels am Meere liegt eine gewaltige alte Burg, finster und trotzig. Heute abend in der Dämmerung fuhren wir auf dem Schiff um die Burg herum und dann weit hinaus in die wogende See. Das war wieder einmal herrlich in dieser Unendlichkeit auf kleinem Schifflein, das wie eine Nußschale auf den auf- und absteigenden Wogen sich schaukelte. Es war Dämmerung, und man sah nicht, wo Himmel und Meer sich trennten auf der Seeseite, nur Wellen und Wellen. Ich war ganz überwältigt von dem Anblick.
Dann fuhren wir an hohen Felsen hin, in welchen die ewigen Wogen große Höhlen hineingewaschen haben. — Da ist das Tosen des Meeres, dem Donner ähnlich, wie es so immer in die Höhlen hineinschlägt, in Schaum zerspritzend und dann langsam zurückwallt, und kaum ist die Welle zurück, so wälzt sich die andere heran, so immer und immer — es ist wie ein ewiger Kampf zwischen Fels und Meer. Es war fast Nacht, als wir in den Hafen zurück mußten.
Italien ist ein wahres Zauberland.

Ferdinand Gregorovius

Das Kap der Circe
(1873)

Von Terracina aus, wo ich die Ostern zubrachte, wollte ich nach dem Kap der Circe hinüber, wenn auch nur zu einem flüchtigen Besuch. Es liegt drei Stunden von dieser Stadt entfernt, obwohl die Durchsichtigkeit der Luft es weit näher erscheinen läßt. Wie an einem Bande scheint das herrlich geformte Vorgebirge an der langen Düne zu schweben, und diese läßt überall einen Strandsaum frei, auf welchem man wie über einen Teppich von Samt fortschreiten kann.

Es lockte mich sehr, dies zu tun und zu Fuße nach dem Kap zu gehen. Aber Fischer in Terracina beredeten mich, diesen Plan zu ihren Gunsten aufzugeben, und dies tat ich nur aus dem Grunde, weil ich nicht darüber gewiß war, daß der Strand von Büffelherden wirklich und an allen Stellen frei sei.

Diese Fischer waren eben über einen seltnen Fang erfreut; sie standen am Ufer mit anderm Volk, und alle folgten sie mit den Blicken einem Gegenstande, der sich von Welle zu Welle aus dem Wasser erhob und augenscheinlich mit einem Seile zusammenhing, welches an einem Pflock befestigt war. Es war eine gewaltige Meerschildkröte, die sich in den Maschen des Netzes verfangen hatte. Das arme Tier war mit einem eisernen Haken tief verwundet worden, dann hatte man es, einem Pferde gleich, an einem Bein mit dem Strick umbunden und so an dem Pfahle festgemacht. Nun strebte es gewaltsam sich loszureißen, und pausenweise hob es Kopf, Hals und einen Teil seiner dunkelroten Schale empor, um Luft zu schöpfen. So ließ man es die ganze Nacht über in seiner Qual, und noch am Morgen sah ich diese Tartaruga an demselben Ort, als ich in die Barke stieg, um nach dem Kap zu fahren.

Vier kräftige Ruderer befanden sich in ihr und ein Diener des Gasthauses, den ich mit mir nahm, weil er in dem Ort San Felice auf dem Vorgebirge gelebt hatte und daselbst mein Führer sein konnte. Die Barke faßte nur sechs Mann.

Es war 4 Uhr in der Morgenfrühe, als wir einstiegen. Der helle Mond stand am westlichen Himmel und warf noch, mit dem Nachtgrauen kämpfend, einen breiten goldenen Schimmer über die leise bewegte See. Dichte Nebel lagerten ostwärts über den Maremmen von Fundi und verhüllten den Felsen Sperlonga wie die Vorgebirge von Gaeta und Mondragone. Auch das Circekap trug noch einen Schleier, aus welchem nur die höchsten Zacken hervorragten.

Nur wer zwischen Mondesuntergang und Sonnenaufgang auf See gefahren ist, empfand, was die »heilige Frühe« ist, dieses ahnungsvolle Werden eines neuen Lebenstages. Wie der Urhauch der Schöpfung ist dieser tiefausströmende Meeresodem aus dem quellenden, endlos flutenden Elemente. Warum erweckt in uns das Meer, ja nur sein Anblick in der Ferne, oder nur das Rauschen seiner Welle, die sich in rhythmischen Zügen am Strande bricht, eine so tiefe Sehnsucht, wie sie auch die erhabenste Alpennatur nicht erregen kann? Vielleicht, weil dieses unser kleines Ich, die persönliche Notwendigkeit, das in einem Punkt zusammengepreßte Bewußtsein der Natur, unmittelbar mit dem Unendlichen und Ewigen sich berührt, was nicht Geschichte und Zeit, nicht Grenze und Gestalt hat.

So fuhren wir in der frischen, belebenden Morgenluft schnell dahin, »von Wind und Ruder sanft geleitet«, und immer deutlicher entfalteten sich das dunkle Kap, der weiße Ort auf seinem Vorberge und ein grauer Turm zu seinen Füßen am Meer. Nun aber will ich, ehe wir an jenem Wachtturm landen, ein paar Worte über die Geschichte dieses Mons Circeus oder Monte Circello sagen.

Seit alten Zeiten wurde der Ort der Circesage auf das schöne Vorgebirge verlegt, welches in seiner fast inselartigen Abgeschlossenheit, mit seinen dichten Waldungen, seinen von balsamischen Kräutern erfüllten Abhängen auf der Landseite und seinen Tropfsteingrotten am Meer, ein wenigstens nicht unpassendes

Lokal für das Zaubermärchen antiker Seefahrer darbot. Der Mons Circeus war in vorhistorischen Zeiten offenbar eine Insel, wie es heute die ihm naheliegenden Ponzaeilande sind, und wie es einst auch der Soracte gewesen ist. Erst allmählich, aber sicherlich schon unvordenklich lange vor den odysseischen Zeiten, verband sich diese Insel mit dem Land und wurde zum Kap. Die alten Geographen berichten, daß auf ihm eine Stadt lag mit dem Circetempel und dem Altar der Minerva, und daß man dort den Becher der Circe zeigte, aus welchem Odysseus getrunken habe. Auch der Grabhügel Elpenors mit daraus entsproßten Myrten wurde den Besuchern gezeigt.

Die Stadt Circeji oder Circeum war volskisch wie Anxur, das heutige Terracina. Die Römer eroberten sie und verpflanzten in sie eine Kolonie. Sie konnte niemals groß und mächtig sein, aber sie war durch ihre Lage eine der schönsten Festungen und zugleich ein reizender Aufenthalt. Lukull legte am Fuße des Kaps seine Fischereien an und baute sich eine Villa, und Lepidus wohnte in Circeji, als er vom Triumvirat zurücktreten mußte.

Die antike Stadt ging in ungewisser Zeit unter, vielleicht wurde sie von den Goten zerstört. Auf ihren Trümmern entstand der heutige Ort San Felice, dessen Kern wohl ursprünglich die alte Burg mit ihren mächtigen Zyklopenmauern sein mochte ...

... Wie zauberhaft erscheint nicht den Blicken dieses Circekap, wenn man es von Astura, von den lateinischen oder volskischen Bergen, selbst noch von Terracina aus betrachtet, zumal im Abendglühen! Nun sah ich es vor mir, grau und grün von Farbe, und der Berg war wie mancher andere auch; was in der perspektivischen Weite als Inselgestalt sich darstellte, war dies nicht mehr, sondern es senkte sich jetzt in einen breiten Landrücken nieder und verzog sich in die pontinische Ebene. Die schönen Formen verschwanden, dichter Wald bedeckt das Kap bis zu den Gipfeln, während es von ferne gesehen aus nackten Felsmauern zu bestehen scheint, die von Lichtreflexen strahlen.

Ich landete am Wachtturm Vittoria, wo sich der Fuß des Vorgebirges in einen Strandsaum herabsenkt, ohne jedoch einen hafenähnlichen Landungsplatz zu haben. Es gibt daher keine Fischer und keine Barken am Kap. Der Turm ist ein viereckiger

Bau und wohl von den Gaetani aufgeführt. Seine Besatzung ist wie die aller andern Strandtürme der Maritima seit dem Ende der päpstlichen Herrschaft eingezogen. Er dient jetzt den Doganabeamten zur Wohnung. Ein solcher kam auch sofort die hohe Treppe herab, die ihm bekannten Fischer zu begrüßen und ihren Fahrschein an sich zu nehmen.

Ich ließ die Barkarolen am Strande und stieg mit dem Führer nach San Felice hinauf. Die Lage dieses kleinen Orts und der schmale Weg, der zu ihm emporführt, erinnerten mich an Capri; doch hat das Kap sonst nichts oder nur wenig, was sich mit jenem Eiland vergleichen ließe. Nach einer Viertelstunde mühelosen Steigens über den von Myrten und Lentiscussträuchern bedeckten Abhang, an einigen Trümmern vorüber, erreichte ich den Ort, dessen Lage wahrhaft schön ist.

San Felice steht auf einem natürlichen Flächenraum von mäßiger Breite; hinterwärts ragen darüber die waldigen Wände des Kaps auf. Vorwärts breitet sich die sonnige Ferne aus und unten in der Tiefe das blaue Meer. Das Städtchen hat nur wenige und geradlinige Straßen, welche das Baronalschloß und die neben ihm stehende ansehnliche Kirche überragt. Vor dem Palast liegt der Platz oder die Hauptstraße. Die Häuser sind meist einstöckig und ohne jede monumentale Architektur. Ich war daher nicht wenig erstaunt, einen so alten, vom Weltverkehr so ganz abgeschiedenen Ort als offenen Borgo von gleichgültigem Charakter zu finden. Denn daß San Felice die Stelle des alten Circeji einnimmt, kann nicht bezweifelt werden, weil es sonst nirgends auf dem Kap eine gleich große Fläche gibt, wo eine Stadt gebaut werden konnte . . .

Von San Felice kann man am bequemsten zum Gipfel des Berges steigen, denn dorthin führen Felsenpfade durch das dichte Waldgebüsch. Man braucht jedoch viele Stunden, um sich emporzuarbeiten. Ich begnügte mich, dem ganzen Kap entlang zu gehen, und dies kann man nur auf der Landseite tun, denn auf der Meeresseite fallen die Felsen so schroff ab, daß sie keinen Strandsaum übriglassen . . .

Ich ging von San Felice erst eine kurze Strecke auf einem bequemen Weg fort und stieg dann über den Felsenabhang in die bewaldete Ebene nieder. So wanderte ich am Fuße des Kaps fort, dessen ganze Gestalt ich stets vor Augen hatte. Es ist eine mächtige Pyramide, deren höchste Spitze am äußersten Ende nach Westen zu sich emporstreckt. Bis zum Kamm hinauf ist der Berg landwärts mit Eichenwäldern und anderem Gebüsch bedeckt, aus dem hier und da schroffe rote Steinmassen hervortreten. Die Wände erheben sich oft perpendikulär und scheinen ein Dach zu tragen, auf dessen First man zum höchsten Punkt gelangen kann. Das ganze Kap scheint überhaupt wie ein einziges schräg absinkendes Dach sich zum Gipfel fort zu erstrecken, doch unterscheidet man zehn Berge oder Gliederungen des Vorgebirges, welche ihre besonderen Namen tragen . . .

Als ich aus dem prächtigen Walde trat, lag der See von Paola vor mir zur Rechten, links der Meeresstrand und über ihm am Ende des Kaps ein großer Turm, die Torre di Paola. Der See zeigte sich als ein grauer melancholischer Wasserspiegel, zwischen flachen Ufern, ein wahrer Maremmensee. Er zieht sich landwärts mehrere Millien weiter fort. Zwei kleine, sehr alte Kirchen stehen an ihm, San Paola und Santa Maria della Surresca genannt. In alten Zeiten hing er mit dem Meere zusammen und bildete einen Hafen. Nachdem er sich geschlossen hatte, wurde seine Verbindung mit jenem durch einen Kanal hergestellt.

Die warme Mittagssonne flammte auf diesem bleifarbenen See in der tiefsten Wildnis von Sümpfen und Wald. Kaum regten sich die hohen Sinsen und die Tamarisken an seinem Ufer; kein Nachen war auf ihm sichtbar; diese düstere versumpfte Stille ringsumher hatte etwas Märchenhaftes.

Wir schritten auf die Häuserreihe am Ufer zu, einen ummauerten Garten entlang, der von Poniatowski angelegt wurde und jetzt ganz verwildert ist. Am Eingang eines Hauses saß ein Fischerweib mit seinen Kindern, die keineswegs fieberkrank, sondern frisch und blühend aussahen, unter weit umhergestreuten Netzen, Stangen und anderm zum Fange dienenden Geräte. Nun kamen auch Männer hervor und mit ihnen der beglückte Fortsetzer der lukullischen Geschäfte, jener Spekulant aus Sperlonga. Dieser Mann befahl einem jungen Knecht, mir die Fischbehälter zu zeigen. Wir bestiegen demnach einen Sandalo.

Ich sah hier zum erstenmal das Fahrzeug, welches so genannt wird, und hörte hier zuerst diesen Begriff in der lebenden Sprache. Denn er ist alt; ich kannte ihn bereits aus Urkunden, welche das pontinische Sumpfland betreffen. So wird in einer solchen vom Jahre 1223 der Abtei Grotta Ferrata das Recht verliehen, zu halten »duos sandalos ad piscandum in Lacu Folianensi« (zwei Sandalen zum Fischen im See von Fogliano). Der Sandalo ist das Fahrzeug für Sumpfwasser, viereckig und platt; die Größe richtet sich nach dem Bedürfnis. Er ist Lastschiff und Reisekahn zugleich. Von den ältesten Zeiten herab hat sich demnach Name und Gebrauch dieses Bootes erhalten, welches ohne Zweifel von seiner Form so genannt wird. Auf solchen Sandalen fuhren wohl schon in Römerzeiten die Reisenden, wenn sie beim Forum Appii auf dem Kanal Decemnovius eine Strecke im Kahn zurücklegten.

Die Fischbehälter befinden sich in der Nähe des Ufers; sie bilden einen Zusammenhang von Kammern, die mit Geflecht umzogen sind. Ich hatte gehofft, hier das seltenste Aquarium zu sehen, aber meine Täuschung war groß; denn weder in diesen Behältern, noch in den gemauerten antiken Bassins, welche noch heute benutzt werden, bekam ich auch nur einen einzigen Fisch zu sehen.

Ich ging vom See längs des Kanals zurück, um an das Meer zu gelangen. Dieser Kanal von römischer Anlage ist etwa 30 Fuß breit und zu beiden Seiten aus Backsteinen aufgemauert. Innocenz XIII. ließ ihn im Jahre 1721 wiederherstellen. Massive Schleusen sperren ihn gegen den Meeresandrang; man öffnet dieselben, um die Fische hereinzulassen, deren ich dort auch einige sah. Das eine der Schleusenwerke dient zugleich als Brücke. Ich fand auf dieser eingemauert das Wappen der Conti, den Campagnaadler mit Schachbrettwürfeln, und darunter folgende Inschrift, das Denkmal jenes Papstes vom Hause Conti: »Quod Inter Mare Tyrrhenum Lacumque Circejum Pristino Aquarum Restituto Commercio Carolo Collicola Aerario Ac Rei Marittimae Praefecto Piscatorio Urbis Foro Fisci Rationibus Ac Publicae Utilitati Providerit Anno Pont. Primo«.

Mitten in der circeischen Wildnis, am äußersten Ende des alten päpstlichen Landgebietes, mutete mich diese Inschrift auf dem bleichen Marmorstein mit so historischer Kraft an, als gehörte sie einer viel längeren Vergangenheit, ja als stände sie in gleicher Zeitlinie mit der berühmten Inschrifttafel im Gemeindehause von Terracina, die das Andenken der Austrocknung der Pontinischen Sümpfe durch den großen Gotenkönig Theoderich verewigt. Der Zeitraum von zwölf Jahrhunderten, welcher zwischen beiden Tafeln liegt, umfaßt beinahe die ganze Entwicklung des Abendlandes seit dem Falle des Römerreichs, er erscheint deshalb sehr groß – aber was sind im Weltleben zwölf Jahrhunderte? In Wahrheit nur ein Gestern und nichts mehr ...

Jules Verne

Reise zum Mond
(1867)

»Fühlt euch wie zu Hause, Kameraden«, sagte Michel Ardan, »ich werde schon für euch sorgen. Zuerst wollen wir's uns in unserem Logis hier mal bequem machen. Wir stecken zwar fast 300 m tief in der Erde, aber deshalb brauchen wir uns doch nicht wie die Maulwürfe zu fühlen.«
Das kompromierte Gas, das sie in der Kapsel mit sich führten, konnte sie sechs Tage und sechs Nächte lang, also insgesamt 144 h, mit Wärme und mit Licht versorgen. Das Projektil war im Innern wie ein komfortabler Salon eingerichtet, mit ledergepolsterten Wänden, runden Sitzbänken und einer gewölbten Decke. Zum Schutz gegen den Stoß beim Abschuß waren alle mitgebrachten Instrumente, Geräte und Waffen an dieser Polsterung befestigt. Ardan überprüfte die Einrichtungen noch einmal und war recht zufrieden damit:
»Es mag wie ein Gefängnis aussehen, aber man kann sicher ganz bequem damit reisen und außerdem sogar aus dem Fenster schauen. Mir genügt's. Ich könnte es hundert Jahre darin aushalten. Was grinst du, Barbicane? Mohammeds Grab, das ziellos durch den Weltraum treibt, ist bestimmt nicht so bequem.«
Nicholl's Chronometer zeigte jetzt 20.20. Die Uhren der Mondfahrer stimmten fast auf eine Zehntelsekunde mit dem Chronometer des Ingenieurs Murchison überein.
»10.20 Uhr, Freunde«, sagte Barbicane, »in 27 Minuten wird Murchison den Kontakt schließen, der die Ladung der Columbiade zündet. 27 Erdminuten bleiben uns also noch, bevor wir den Globus verlassen.«
»26½«, verbesserte Nicholl.
»Eine lange Zeit«, sagte Ardan. »Wenn es darauf ankommt, kann man in 26 Minuten die wichtigsten politischen und morali-

schen Fragen diskutieren, aber ich tröste mich damit, daß nicht nur wir diese 26 Minuten lang warten und unsere Ungeduld bezähmen müssen, sondern auch die 5 Millionen da oben, die uns zuschauen wollen. 5 Millionen mal 26 ergibt garantiert eine größere Ungeduld als 3 mal 26, obwohl man natürlich die Meinung vertreten kann, daß ein paar Sekunden Pascals ... oder Newtons ... oder wessen auch immer, kostbarer sein können als das ganze Leben von einem Haufen Kretins.«

»Lassen wir doch die Metaphysik, bis die Physik ordentlich funktioniert hat«, sagte Barbicane, »dann haben wir Zeit genug; jetzt müssen wir uns auf den Abschuß konzentrieren.«

»Alles klar?«

»Ich denke schon. Höchstens die Sicherungen vor dem Rückstoß ...«

»Wieso das? Ich denke, wir haben diese Wasserpuffer unter uns«, sagte Ardan.

»Ich hoffe es«, antwortete Barbicane sanft.

»So ein Unfug«, rief Ardan, »er hofft es. Und das gesteht er uns in einem Augenblick, wo wir bereits verschnürt und verpackt sind und in 24 Minuten der Schaffner pfeift.«

»20«, sagte Nicholl.

»Schon gut, Michel«, beruhigte ihn Barbicane, »wir müssen uns jetzt überlegen, wie wir verhindern, daß uns beim Start das Blut in den Kopf schießt.«

»Dann bleiben wir doch am besten aufrecht stehen«, schlug Ardan vor. »Allerdings wird uns dann das Blut in die Füße schießen, und unsere Schuhe passen uns nachher nicht mehr.«

»Außerdem werden dir die Beine im Bauch stecken, lieber Freund«, ergänzte Barbicane. »Nein, wir müssen uns hinlegen, um den Stoß auszugleichen. Meinen Sie nicht auch, Nicholl?«

»Doch, doch«, antwortete der Kapitän, »noch 13½ Minuten übrigens.«

»Dieser Nicholl ist ein Sekundenautomat, aber kein Mensch«, rief Michel Ardan, »ein bißchen Kaltblütigkeit ist ja ganz schön, aber ich möchte wirklich wissen, aus welchem Stoff ihr Amerikaner gemacht seid, daß euer Puls in einer solchen Lage nicht rascher schlägt!«

Nicholl und Barbicane hörten ihn gar nicht. Sie bauten in der Mitte der Bodenscheibe, die in das Projektil eingepaßt war, Polsterunterlagen auf. Darauf wollten sich die Mondfahrer kurz vor dem Abschuß ausstrecken. Je weiter der Minutenzeiger vorrückte, desto nervöser und unruhiger wurde der Franzose. Er ging eifrig in der Kapsel auf und ab, als ob es tausend Wege gäbe, rastlos wie ein Wild im Käfig, ununterbrochen redend und seine beiden Hunde tätschelnd, die er Trabant und Diana getauft hatte.

»Wißt ihr, daß ihr's nicht leicht haben werdet, meine beiden? Ihr müßt den Mondhunden gute Sitten beibringen. Das ist eure zivilisatorische Aufgabe. Macht den Hunden auf der Erde keine Schande! Paart Euch! Paart euch auf Teufel komm raus mit den Monddoggen, damit die neue Mischrasse auf der Erde Furore macht, wenn wir zurückkommen!«

»Wenn's dort überhaupt Hunde gibt«, spottete Barbicane.

»Aber natürlich gibt es die«, versicherte Ardan. »Da der Mond Atmosphäre hat, hat er auch Wasser. Da der Mond Wasser hat, hat er auch Leben. Da der Mond Leben hat, hat er auch Säugetiere; zu denen zählen die Hunde ja. Mondkälber, Kühe, Pferde, Esel, Hühner, alles werden wir dort finden.«

»In der dünnen Atmosphäre kann doch kein Huhn ordentlich fliegen«, sagte Nicholl.

»Und ich wette, daß wir dort Hühner vorfinden werden«, rief Michel Ardan.

»100 Dollar, daß wir keine finden!«

»Angenommen, Käptn«, erwiderte Ardan und schlug ein. »Das wird die sechste Wette sein, die Sie verlieren: 1. kam genug Geld zusammen, 2. gelang der Guß der Kanone und 3. ist die Columbiade ohne Zwischenfall geladen worden – macht zusammen 6000 Dollar.«

»Noch haben wir 10 min 16 sec vor uns«, sagte Nicholl, »und in dieser Zeit kann sich manches ändern.«

»Nur so weiter, immer nur so weiter, Nicholl, »spottete Ardan. »Von den nächsten neun Minuten an ist jede 1000 Dollar wert; und zwar für Barbicane. 4000 werden Sie ihm danach zahlen müssen, weil die Columbiade nicht explodiert und 5000, Ihr höchstes Gebot, weil unser Projektil durchaus nicht nach 15 km stehen bleiben wird.«

»Keine Sorge, es ist alles da«, antwortete Nicholl und klopfte auf seine Tasche. »Außerdem habe ich beim jetzigen Stand der Dinge gewisses Interesse daran, zu zahlen.«

»Was! Sie haben das Geld dabei?«, rief Michel Ardan erstaunt. »Das nenne ich korrekt. Ich hätte sowas glatt vergessen. Aber insgesamt sind Sie doch in einer traurigen Lage.«

»Und wieso?«

»Nun, wenn Sie verlieren, werden Sie Ihr Geld los. Wenn Sie aber gewinnen und die Columbiade krepiert, dann haben Sie nicht viel von Ihrem Sieg und dem Geld, das Barbicane Ihnen zahlen muß.«

»Ich dachte auch bereits daran«, sagte Barbicane, »deshalb habe ich meinen Einsatz mit den entsprechenden Anweisungen bei der Bank von Baltimore eingezahlt. Wenn Nicholl gewinnt, wird das Geld an seine Erben überwiesen.«

»Wie praktisch!« rief Ardan. »Wie positiv, wie amerikanisch. Je weniger ich euch begreife, desto mehr muß ich euch bewundern.«

»10.42 Uhr«, sagte Nicholl.

»Dann haben wir ja noch mehr als fünf Minuten Zeit«, meinte Barbicane.

»Fünf kleine Minütchen«, sagte Ardan kleinlaut. »Ich gestehe, daß ich nichts dagegen hätte, wenn es doch noch etwas länger dauern würde. Wir hocken hier eingeschlossen in einer 270 m langen Kanone, unter unseren Füßen liegen 400 000 Pfund Schießbaumwolle mit der Wirkkraft von 1,6 Millionen Pfund in gewöhnlichem Pulver! Wenn ich die Augen schließe, dann sehe ich schon dauernd Marchisons Finger, wie er genüßlich über den elektrischen Schalter streichelt. Ich höre, wie Murchison die Sekunden zählt, die er noch warten muß, bis er die gigantische Exkursion mit uns durchführen kann ...«

»Michel, jetzt reicht's«, sagte Barbicane. »Außerdem müssen wir uns nun wirklich fertig machen. Es bleiben nur noch wenige Augenblicke Zeit. Handschlag, Freunde!«

»Ja, ja«, rief Ardan, »einen Händedruck, den sollten wir nicht

vergessen!« Er war stärker gerührt, als er zugeben wollte. Die drei Freunde umarmten sich.
»Gott behüte uns«, hörte man Barbicane kaum merklich flüstern. Sie streckten sich auf den Polstern aus. Ardan schloß die Augen. Dann öffnete er sie wieder, schloß sie, biß die Zähne zusammen und konnte den Augenblick kaum erwarten.
»10.47 Uhr«, murmelte Kapitän Nicholl, »noch 20 Sekunden!«
Barbicane löschte mit einem Handgriff die Beleuchtung in der Kabine. Nur das Ticken der Armbanduhren war noch zu hören. Dann erfolgte ein entsetzlicher Stoß, und 6 Millionen Liter Gas schleuderten das Projektil in den Weltraum.

Ernst Haeckel

Zweite Vesuv-Exkursion

20. 5. 1859

Ich ging diesmal ganz allein, fuhr um 5 Uhr auf der Eisenbahn nach Portici und stieg dann über Resina zwischen den Mauern der Fruchtfelder und Orangengärten empor. Die Lava war seit meinem ersten Besuch (vor 4 Wochen) etwa eine Viertelstunde weiter heruntergerückt und hatte die in Schlangenwindungen aufsteigende schöne neue Straße an vier Stellen überflossen und unterbrochen. Die Villa Fiorillo, bei der damals der Lavastrom zum erstenmal die Chaussee kreuzte, lag schon tief darin begraben, die damals blühenden Obstgärten und Weinberge waren mit der undurchdringlichen festen schwarzen Decke verhüllt. Zufällig traf ich ein paar Träger, die zum Kegel heraufstiegen und deren Schritten folgend ich glücklich über das unterste Ende des Lavastroms hinwegstieg, aus dem überall kleine glühende Bäche hervorquollen und die vorliegende Pflanzung anzündeten. Die Stücke, auf denen ich den Übergang suchen mußte, waren noch ganz heiß, dampften mächtig, und 1/2 Fuß darunter, oft auch rings von allen Seiten, schoben sich die glühendflüssigen Massen über- und durcheinander hervor. Auf der Höhe der Bank stand ein mächtiger ausgehöhlter Lavablock, aus dessen Innern kaskadengleich ein Feuerstrom hervorkam und sich über eine steile Böschung etwa 30 Fuß hoch herabwälzte. Die eigentümliche Bewegung der dickflüssigen, breiartigen Kieselverbindungen ließ sich hier schon in der nächsten Nähe beobachten. Da die Reibung an den unebenen, einschließenden Wänden sehr stark ist, so fließen die beiden Seitenteile des Stroms viel langsamer als die Mitte, und so entstehen die strickförmigen, nach innen konvex vorgewölbten Linien auf der Oberfläche, die rasch erstarrt, während die Masse zunächst darunter noch lange flüssig bleibt. Diese konzentrischen Liniensysteme erinnern ganz an die sogenannten Gufferlinien der Gletscher, ebenfalls noch vorn vorgewölbte, erhabene Krümmungen der Gletscheroberfläche, die auch der gleichen Ursache, dem rascheren Fluß der Mitte ihre Entstehung verdanken. Überhaupt fiel mir heute wieder mehrfach die Analogie zwischen manchen charakteristischen Bildungen der Lavaströme und der Gletscher auf. Nur ist natürlich die Schnelligkeit der Bewegung bei ersteren viel, viel bedeutender, da die Masse viel dünnflüssiger als das Gletschereis, dessen Körner viel inniger zusammenhängen und sich schwerer verschieben. Die Fortbewegung in dem selbstgegrabenen Bett hat aber viel Ähnliches. Besonders wie es bei den meisten Eruptionen der Fall ist, gleich nach dem Ausfließen erstarrt. Der Lavastrom, dessen Fluß noch gegenwärtig fortdauert, unterscheidet sich aber darin merkwürdig von allen andern, frühern, daß er gleichsam chronisch ist, während jene alle mehr oder weniger akut waren. Elf Monate fließt nun bereits ununterbrochen die Lava aus und hat bereits eine ungeheure Schlucht an der Westseite völlig ausgefüllt. Während die feuerflüssigen Silikate sonst aus einer einzigen großen Auswurfsöffnung in dickem Strom hervorquellen, findet hier umgekehrt der Ausfluß aus vielen tausend kleinen Öffnungen statt, deren Lage man unter den hoch darüberaufgetürmten, schon erstarrten Massen nicht mehr angeben kann . . .

Nachdem ich die erste, unterste Lavamasse passiert hatte, mußte ich noch über drei andere wegklettern, die die Straße neuerdings wieder überschritten hatten, ehe ich auf die alten Laven kam, auf denen man zum Osservatorio emporsteigt. Da die Morgennebel sich noch nicht ganz niedergeschlagen hatten, blieb ich hier bei dem etwas oberhalb gelegenen Kreuz sitzen und machte eine Aquarellskizze von dem prächtigen Bild, in dem der Golf von Neapel hier in prächtiger Rundung vorlag. Um Mittag wollte ich endlich zum Kegel selbst aufsteigen; da sich jedoch ein dichte Wolke unbeweglich um mein Haupt gelagert hatte und auch weiterhin die Berge von Sorrent und die Inseln im Nebel noch verhüllt waren, so wäre die Aussicht heut nicht lohnend gewesen, weshalb ich nur bis in den Sattel zwischen Somma und eigentlichem Vesuv hineinstieg und am Fuß des eigentlichen

Der Gaul ist für Bergfahrten auf-gezäumt
Neapel 1859
TOURISTEN
Ein Kind mit Obst, schmutzig

Aschenkegels, im Atrio dei Cavalli sitzend, eine Skizze von den außerordentlich wilden, zerrissenen, nackten Felsenformen entwarf, in denen der Kamm der Somma fast in Form eines Amphitheaters sich um das Atrio ringsumher zieht. Gegen Abend kletterte ich noch auf den alten, vielfach durcheinander gemengten Laven umher, welche den Boden dieses Sattels erfüllen und die größte Fülle von abenteuerlich und phantastisch geformten Schlackenlaven darbieten ...

Der Abend auf dem Vesuv war sehr schön. Die Inseln und der Posilip erschienen gegen Sonnenuntergang im herrlichsten Blaulicht. Ich eilte rasch vom Observatorium über die Lavafelder hinunter, um noch vor Dunkelwerden wieder auf festem Boden, d. h. jenseits der letzten, noch feuerflüssigen Strecke zu sein, kam aber kaum noch vor Toresschluß hinüber. Ich mußte lange probieren, ehe ich für die letzte Strecke zwischen den hervorquellenden Feuerbächen hindurch einen sicheren Pfad gefunden hatte, und hätte mir doch beinah zuguterletzt noch die Sohlen verbrannt. Meine schweren, dicksohligen und eisenbeschlagenen Alpenschuhe leisteten mir dabei wieder die trefflichsten Dienste. Das herrlichste Schauspiel wartet aber meiner noch, als es ganz dunkel wurde; ich glaubte mich wirklich in ein orientalisches Märchen versetzt. Die roten Feuerströme, die zu Hunderten aus den Flanken des Berges hervorquollen, erschienen in der schwarzen, mondlosen Nacht überaus herrlich und lieferten ein Schauspiel, das seinesgleichen suchte und das sich die lebhafteste Phantasie kaum prächtiger vorstellen kann. Besonders herrlich erschienen die kleinen Feuerquellen in unserer nächsten Nähe, an die ich bis auf 2 Fuß Entfernung herankletterte, um so die interessantesten Bewegungserscheinungen in nächster Nähe zu beobachten. Sehr interessant war das Fortwälzen des äußersten Vorderteils des Stroms, der, wenn er an einem kleinen Absturz oder eine Lavakuppe angelangt war, abbrach und wie ein roter Goldklumpen halb fließend, halb rollend ein paar Schritt weiter hinunterfiel. Das Schauspiel war so überaus herrlich, so reich an immer neuen und wechselnden, prachtvollen Szenen, daß ich über 2 Stunden dort weilte. Erst um 9½ Uhr schickte ich mich an, noch die drei Stunden nach Neapel zu Fuß zu laufen.

Karl August Varnhagen von Ense

Auf Reisen

Donnerstag, den 15. Juli 1858

Früh aufgestanden, nach 7 Uhr zum Frankfurter Bahnhof gefahren, und 1/4 auf 9 ging der Zug ab. Angenehme Fahrt. Ludmilla und ich im Wagen allein. Bei Erkner, bei Frankfurt, längs der Oder hübsche Hügelreihen. Bald hatten wir Guben erreicht, wo wir die Eisenbahn verlassen mußten. Anstatt der guten Personenpost wies man uns an einen elenden Stellwagen, den wir leider bestiegen. Ich litt nicht wenig bis Peitz, wo wir Extrapost nahmen. Wir fuhren nun durch besseres Land, zwischen Feldern und Wiesen, nach Kottbus. Hier auf der Post erwartete uns der Wagen des Fürsten von Pückler. Herr Billy Masser, der Zwerg des Fürsten, war mitgekommen und gab uns allerlei Auskunft. In stolzer Pracht fuhren wir aus Kottbus und gelangten bald in den Park von Branitz, wir staunten über die herrlichen Anlagen, die unendlichen Pflanzungen, durch die unser Weg sich wand. Nicht lange, und wir fuhren am Schloß vor, das rings von Blumenterrassen umgeben ist und stiegen auf prächtigen Granitstufen, von vergoldetem Gitter beschützt, zum Eingang empor; zahlreiche Dienerschaft kam uns entgegen, auf der inneren Haustreppe der Fürst selbst, in seiner türkischen Hauskleidung, uns herzlich bewillkommnend und uns zu unseren Zimmern geleitend. Mein Zimmer gegen Osten, Ludmillas auf demselben Gang gegen Westen, beide mit schönster Aussicht auf den Park, beide prächtig und bequem ausgestattet, mit Kupferstichen geziert, mit Geräten, mit hundert kleinen Annehmlichkeiten.

Nachdem wir ein Frühstück eingenommen – nachmittags um 5 Uhr – führte uns Herr Billy in den Parkanlagen zunächst des Schlosses umher und gab Erklärungen, wo es nötig schien. Die Schöpferkraft, der Geist, der Geschmack des Fürsten zeigten sich

in allem, in Großem und Kleinem. Aus einer Sandwüste ist unter seinen Händen ein Paradies geworden. Große Bäume, die er vorfand, hat er trefflich benutzt, andere von weit herkommen lassen und eingepflanzt, Millionen neuer Schößlinge eingesetzt; Seen und Kanäle hat er ausgegraben, die Erde zu Hügelreihen aufgehäuft, Wald- und Wiesenstücke trefflich gemischt. Der ganze Boden ist von der nahen Spree unterirdisch getränkt, daher trotz des Sandes fruchtbar; das Wasser in den Seen und Kanälen steigt und fällt mit der Spree. Was der Fürst in den Wassern geleistet, ist nicht weniger wunderbar, als was er zu Lande hervorgebracht. »Erdbändiger« nannte Rahel ihn mit Recht. Er hat hier mehr getan als in Muskau, wo er eine Landschaft vorfand, hier mußte er sie ganz erst schaffen.
Die Hauptmahlzeit war um halb 9 Uhr; reiche Tafel, feine Speisen, gute Weine; Champagner in Eis wurde immerfort eingeschenkt. Angenehmes Gespräch mit dem Fürsten, er stets verbindlich, geistvoll, anziehend, auf alles eingehend, in seiner Eigenheit beharrend und dabei ganz mild und billig für Andersgesinnte. Der Zwerg Billy mit bei Tisch, eine Art Faktotum, Vertrauter, Aufseher, Besorger, aufmerksam, verständig, in seiner Art gebildet. Nach dem Essen mit dem Fürsten in seinem Zimmern bis halb 2 Uhr, in stets lebhafter Unterhaltung. Papageien an der Treppe, ein grüner im Käfig, der vortrefflich gesprochen haben soll, aber, seit ein weißer neben ihn gestellt worden, beharrlich schweigt. Der weiße, ein Kakadu mit gelben Stirnfedern, das allerliebste Tier von der Welt, gutmütig, gesellig, gar gern schwatzend: »Wie heißt du? wer bist du? ich heiße Kakadu, weißer Papagei!« so geht es immerfort, dazwischen etwas Portugiesisch, das niemand versteht. Er macht tiefe Verbeugungen, hopst empor, lacht, pfeift, kräht, alles aufs Wort. Wir haben das größte Ergötzen an dem lustigen Geschöpf.

2 Kutschen = I. KLASSEWAGEN
offener Wagen
DRACHE
Der „Drache" d. Fa. Henschel & Sohn
Frankfurt
1858
Reisendes Paar
Ein städtische Straßenkehrer

F. W. Hackländer

Ein Ritt durch die Mancha
Anno 1853

Um Sechs waren wir bereits munter, warfen uns in die Kleider und gingen, eine Chocolade an dem Herd einzunehmen. Doch sah es hier ganz anders aus als gestern Abends. Das gemüthliche Feuer mit seiner blendenden Helle fehlte, nur einige Kohlen brannten auf dem Steine, und da das Tageslicht durch den Thorweg nur schwach hereindrang, so herrschte hier ein melancholisches Düster. – Das was man bei allen Reitpartien in fremden Landen nie versäumen sollte, Thiere und Reitzeug zu betrachten, thaten wir auch hier. Die Maulthiere waren kräftig und gut genährt, die Sättel aber etwas breit und plump; der eine hatte sogar keine Steigbügel, und unser Wirth mußte im ganzen Flecken umherlaufen, um ein zweites Paar aufzutreiben, was unsere Abreise um eine halbe Stunde verzögerte.
Endlich war Alles bereit, unsere Nachtsäcke aufgepackt, als der Wirth mit einer ziemlich großen Flasche, so wie mit zwei Gewehren und Hüten in den Stall trat. In der Flasche war Branntwein, von dem er wegen der kalten Morgenluft Jedem ein Glas aufnöthigte; die Hüte und Gewehre aber überredete er uns, leihweise bis nach Tembleque mitzunehmen, wobei er uns versicherte, Räuber (Ladrones) gäbe es eigentlich nicht mehr in Spanien, wohl aber könne man hier und da Rateros begegnen – Dilettanten, welche sich kein Gewissen daraus machen, Reisenden, denen sie schon von Weitem die Fremden ansehen, in den Weg zu treten und sie auszurauben, wogegen wir mit dem Gewehr am Sattel, den castilianischen Hut auf dem Kopfe und in unsere Manta gewickelt wohl für Eingeborene gelten und unangefochten bleiben würden. Unser Wirth war überhaupt ein sehr braver Mann; denn einen Zwerchsack, der auf meinem Pferde

hing, hatte er mit Zwiebeln, Brod und einem Weinschlauche versehen. Gott möge es ihm diesseits und jenseits lohnen!

Ehe wir aufstiegen, verabschiedeten wir uns höflicherweise noch bei der Wirthin und ihren Töchtern; Preciosa wünschte uns eine recht glückliche Reise, reichte uns auch ohne Ziererei ihre kleine Hand und sagte den Maultieren ein paar freundliche Worte, sie möchten sich unterwegs gut aufführen und dem Hause keine Schande machen.

Der Himmel war klar, die Sonne schien hell, und Villarrobledo zeigte in deren Alles verschönendem Strahle ein ungleich freundlicheres Gesicht als gestern Abends. Bei den Windmühlen, die wir gestern bei der Dämmerung aus dem Gesichte verloren, kamen wir vorbei; es waren alte, gebrechliche Wesen mit vier Flügeln, wie die holländischen, auf dunklen Balkengerüsten ruhend, und ihre langen Windmühlenarme drehten sich, von einem leichten Morgenwinde getrieben, langsam und langweilig herum. – Die öde Mancha, Windmühlen – und Don Quixote; das Bild des irrenden Ritters taucht unwillkürlich vor einem auf. Obgleich Cervantes in seiner Weisheit den Geburtsort des Helden nicht nennt, vielmehr Eingangs jener berühmten Geschichte sagt: »In einem Dorfe von La Mancha, dessen Namens ich mich nicht entsinnen mag, lebte unlängst ein Edler etc.«, so haben doch verschiedene Ortschaften hier aus der Lage ihres Dorfes und aus anderen unbedeutenden Thatsachen den Schluß ziehen wollen, der sehr sinnreiche Edle sei ihrem Dorfe entsprossen; ja mehr als sieben Flecken und Städte, kann man sagen, streiten sich gleich den griechischen, welche sich um Homer's Wiege zankten, um die Ehre, der Geburtsort Don Quixote's zu sein. Auch Villarrobledo ist darunter und unser Wirth wollte ganz genau wissen, sein Dorf sei es sicher, dessen Namens sich Cervantes nicht habe erinnern mögen. Seien ja auch die Windmühlen in der Nähe, mit denen der Ritter gefochten. Die Windmühlen waren allerdings da, schienen aber gegen die Behauptung des Wirthes zu sprechen, denn Don Quixote ritt zwei Tage, ehe er das Abenteuer mit denselben bestand. Mir wären sie ebenfalls fast verderblich geworden; denn als wir ziemlich nahe an einer derselben vorbei ritten, wurde mein Maulthier, wahr-

scheinlich durch das Sausen des Flügels, erschreckt und machte einen Seitensprung, der mich um ein Haar vollständig aus meinem Sitz gebracht hätte.

So zogen wir denn abermals allein durch die Mancha, heute wenigstens hoch zu Maulthier, uns ganz anders fühlend als gestern in dem armseligen Karren. Unser Führer war ein Zigeuner, ein junger, kräftiger Kerl, mit einem verwegenen, aber gutmüthigen Gesichte. Sein Anzug war originell und nicht uninteressant; an den Füßen hatte er Binsensandalen, deren kreuzweise gebundene Schnüre bis unter die Kniee reichten; kurze und enge blaue Hosen schlossen sich daran und wurden oben von einem vielfarbigen Gürtel zusammengehalten. Eine kurze, einst verschnürt gewesene Jacke – man sah an den dunkleren Stellen, wo diese Ornamente gesessen – bedeckte den Oberkörper. Um den Kopf hatte er ein gelbes Tuch, und seine blau und weiß gestreifte Manta ließ er bald von der rechten Schulter lang herabhängen, bald hatte er sie um den Hals und die Brust gewickelt, zuweilen auch schnürte er sie zusammengerollt mit einem Strick auf dem Rücken fest.

... Der Gitano hatte uns für die Hälfte des Weges eine Rast versprochen; dort sei eine Venta, wo wir vielleicht ein gutes Feuer finden würden. Und wir schmachteten nach einem guten Feuer. Der heftige Wind, unser Begleiter seit Valencia, den wir im Wagen und gestern zu Fuß schon stark gespürt hatten, war heute, da wir so ruhig in dem Sattel saßen, wahrhaft unausstehlich. So zogen wir, auf die Venta hoffend, dahin, die Maulthiere gingen in einem guten Trabe, unser Humor war gerade nicht schlecht – hatten wir doch endlich die Reitpartie errungen, waren in Spanien und ritten gegen Madrid, gesund und wohl, voll Appetit. Trotz Kälte und Wind beneideten wir unseren Baumeister nicht mehr um seinen Platz im Eilwagen; sich so im Sattel zu wissen, wenn auch nur auf einem Maulthiere, war doch ein ganz anderes Gefühl. Und dazu noch unsere eigenthümliche Tracht: die Manta malerisch umgeschlungen, den castilianischen Hut keck auf den Kopf gestülpt, im Gürtel das Messer, das bei jedem Schritte klirrende Gewehr am Sattel – wir hielten uns wahrhaftig schon für ganz andere Menschen, als die, welche

noch vor ein paar Tagen mit Reisemütze und Pelzstiefeln im Eilwagen gesessen; wir schrieen zuweilen aus voller Brust ein lautes Hurrah und wünschten in unserem Uebermuthe irgend ein kleines Abenteuer à la Don Quixote.
Endlich wurde auch die Venta fern am Horizonte sichtbar, aber wir kannten schon genugsam die täuschenden Entfernungen dieser Ebene, um zu wissen, daß dorthin noch sehr weit sei. Das Haus erschien als kleiner grauer Punkt in trostloser Einsamkeit auf der unendlichen Fläche — Muth gefaßt! zuletzt werden wir doch noch hin kommen. Wir ritten und ritten eine Stunde um die andere und kamen kaum merklich näher; es ging uns wie gestern auf dem Wege nach Villarrobledo, und als wir die Venta schon fast dicht vor uns sahen und vier trostlose Pappeln unterscheiden konnten, welche sie umstanden, da brauchte es doch noch eine halbe Stunde scharfen Trabens, ja, eines verzweifelten Galopps, um endlich vor die Thür der Schenke zu gelangen.
Hier aber war Alles öde und leer. Wir stiegen ab, pochten heftig an die Thüre, ohne daß man uns öffnete; bald kam auch der Zigeuner hinter uns drein gelaufen, und da er die Oertlichkeiten dieses Gebäudes zu kennen schien, so ging er an die hintere Seite, kletterte durch ein Fenster in das alte, baufällige Haus, kam aber bald mit der Nachricht zurück, die Venta sei gänzlich verlassen. Da war nichts zu machen; außer dem Feuer, auf welches wir gehofft, suchten wir übrigens nichts in der Schenke, wesshalb wir auch leicht getröstet waren, uns vor demselben einen Platz wählten, wo wir vor dem Winde geschützt waren, und den Zwerchsack unseres guten Wirthes vom Maulthiere herabnahmen. Wir hatten lange kein so herrliches Frühstück mehr gehabt. Ein hartes Brod, eine saftige Zwiebel, dazu dicker, rother Wein, der stark nach dem Schlauche schmeckte, und als Gewürz zu allem dem ein sechsstündiger Ritt in den Gliedern — es schmeckte uns wunderbar, und wir verzehrten unseren Proviant bis auf die letzte Brodkrume.

Albin Bukowsky

Eine Biedermeierreise
1835

Im prächtigen Herbste des Jahres 1810 machte ich einen Ausflug über Melk nach Pöchlarn – Ybbs – Persenbeug. Da wohnte ich bei meinem Vetter Marschek, bürgerl. Handelsmann und Nachbar des Herrn Schiffmeisters Feldmüller, auf vielen Schießstätten als berühmter Schütze bekannt. Von hier aus machte ich manche Exkursionen nach Maria-Taferl und besuchte die Bauernhöfe am rechten Ufer der Donau und erhielt einst bei einem solchen Bauersmann, gegen den ich mich erklärte, wie sehr es mich freue und überrasche, hier so schönes Vieh zu finden, da doch vor kurzem noch der Feind im Lande war, folgende merkwürdige Antwort: »Euer Hochwürden, das hat halt d'Anigkeit g'macht. Wir habn alle z'sammg'haltn, das saubere Vieh in d' Schluchtn trieb'n, mit Futter versehn und das zausige beim Feind g'lassn; er mußt' a was hab'n, sunst war er no harber war'n.« Ich sah unter andern auch den Tobenz'schen Holzrechen, ein Werk der großen Maria Theresia. Welche Mühen und Auslagen derselbe mochte gekostet haben, zeigen die Werke Alcidens, die dort in Fresken angebracht sind. Auf dem linken Ufer der Donau kam ich fast bis Grein, fuhr auf der Donau hin und her und ließ mich sogar einmal von den Fischern zu ihrem Erstaunen (da ich die Gefahr nicht kannte) in das sogenannte Gesäuse bei Säusenstein führen. Ein andersmal ritt ich auf einem erbeuteten französischen Chasseurpferde nach Melk. Meine Schwägerin und ihre Schwester fuhren dahin und wurden gleich mir sehr elegant bewillkommt. Ich fuhr von da über Herzogenburg, Perschling, Atzenbrugg und Sieghartskirchen, wo lauter gute Freunde und Bekannte hausten, endlich wieder nach Klosterneuburg und konnte nicht genug erzählen von all dem Gesehen und dem köstlichen Lebensgenusse. War dann die Rede, ich hätte noch weiter vorwärts dringen sollen, nach Oberösterreich, das Stift Kremsmünster, Florian, um die dortige Gebirgswelt zu schauen, so dachte ich immer, ich hätte ohnedies schon das Schönste gesehen. Allein teils durch Lektüre, teils durch Umgang mit gebildeten Reisenden wurde ich auf Oberösterreich immer mehr aufmerksam und fühlte oftmals Reue, die einstige schöne Gelegenheit, von der ich oben sprach, unbenützt gelassen und eine Einladung ausgeschlagen zu haben, die mir der selige Herr Hofrat und Salzoberamtmann in Gmunden, Josef Lenoble Edler v. Edlersberg, so uneigennützig einst anbot. Ein ganz eigenes Mißbehagen aber fühlte ich, als ich in der Biographie des sel. berühmten großen Chemikers Davy die Worte las: Ich habe fast alle Länder der Welt durchreiset, aber kein Land sprach mich so an wie das Kammergut und das Salzburgische.

Oft war der Entschluß aufs neue in mir rege zu reisen, doch der Aufschub ist ein Dieb, ich reiste nicht. So vergingen unter Wünschen und Sehnen, Verschieben und Zuwarten 25 lange Jahre. Da wurde ich eines Tages mit dem lieben guten, gefälligen Herrn Thomas Mitterdorfer, einem geborenen Oberösterreicher und dermaligen Hofmeister des Kremsmünsterhofes in Wien, der auch als solcher in seinem Stiftshause zu Klosterneuburg sich öfters aufzuhalten genötigt ist, durch einige Stiftsbrüder bekannter gemacht; und seine gütige, liebreiche und freundliche Einladung, ja doch Kremsmünster einmal zu besuchen, machte aufs neue den fast abgestorbenen Reiseentschluß erblühen; und fest und reif wurde derselbe, als gerade um die Huldigungszeit im Jahre 1835 die Herren Prälaten von Kremsmünster, Seitenstetten und zu St. Peter einluden. Um meinen Entschluß also nicht abermals wankend zu machen, traf P. Thomas ganz vortreffliche Anstalten. Er besorgte die Gelegenheit und bestimmte ohne weitere Rücksprache den Tag zur Abfahrt.

Den 25. Juni 1835 fuhr ich also mit meinen beiden ausgesuchten Reisegefährten ... nach Wien. Diese beiden Gefährten waren für mich und meine Wißbegierde vollkommen gemacht. Nebst der brüderlichen Liebe, mit der sie mir persönlich zugetan waren, zeichnet sich der erstere, Max Fischer, durch eine seltene Lokalkenntnis und wie bekannt, durch seine Geschichtskunde aus; der zweite, Alois Schützenberger, hatte eben heuer einen Teil der kirchlichen Typographie zu bearbeiten. Wir speisten zum Abschiede im k.k. Augarten in Gesellschaft mehrerer lieben Mitbrüder und damit unsere anzutretende Reise gleichsam eine höhere Weihe bekäme, speiste auch der hochw. Herr Weihbischof Anton Buchmayer mit einer ausgesuchten Gesellschaft im zweiten Saale. Das Souper nahmen wir im Kremsmünsterhof ein, wo auch unsere Betten bereitet waren. Am 24. Juni frühmorgens um 5 Uhr traten wir drei in Begleitung des lieben P. Thomas und in einer gewaltigen Land-Kutscher-Chaise alsobald unsere Reise an.

Vor Purkersdorf stiegen wir aus, erhielten aber eine kleine Taufe. Statt daß mich diese unbedeutende Nässe unwillig machte, jubelte ich; denn die Erde dürstete schon lange nach Regen. – In Purkersdorf angekommen, sahen wir nicht wie profane Reisende uns um die Wirtshäuser, sondern als reisende Geistliche uns um die Kirche um. – Wir gingen hinein; und hier wurde Maxens Herz schon zum ersten Male freudig gestimmt. Er sah nämlich im hiesigen Gotteshause unerwartet die Fahne der Wiener Nadlerzunft, die unter dem Vorsteheramte seines seligen braven Vaters angeschafft worden war, und späterhin hieher geopfert wurde. – Hier war es auch, wo sich des armen Alois noch unbefriedigter Frühstücksappetit bereits zu rühren anfing, indem er einen Hut voll Kirschen kaufte und mit vieler Rührung zu speisen anfing.

Das erste Mittagsmahl nahmen wir in Saladorf ein. Unser hungriger Alois hatte den Auftrag, das Mittagessen zu bestimmen, und je nachdem es gut oder schlecht ausfiel, wurde er studentenmäßig klassifiziert. Wir hatten eine ungeheure Gans als Braten,

über deren Zerlegung unserm Alois, welcher sich diesem Kolosse nicht gewachsen sah, der Angstschweiß ausbrach. Als die dicke und mithin auch freundliche Wirtin solches sah, sagte sie mit naiver Gutmütigkeit: »Ich muß Euer Hochwürden schon helfen!« — und wie also Alois einen Schnitt tat, riß sie mit ihren feisten Händen den Teil vollends ab und legte ihn in die Schüssel. Als jetzt aber noch das schmackhafte Gerippe übrig war (worauf sich bereits mancher von uns besonders freuete), nahm sie ohne weitere Umstände selbes hinweg, sagte: »Der Kutscher muß auch was haben!« — und ging zum Tempel hinaus. —
Schon wollten wir Alois für seine schönen Anstalten die zweite Klasse geben; allein die Gans war exzellent, — und er erhielt Eminenz. — Hans der Hausknecht trug auf; er war stattlich gekleidet und hatte einen mit Silber beschlagenen Gurt, nach Sitte der Oberländer, über sein Leibchen. Als wir ihn daher fragten, was diese Gala bedeute, antwortete er errötend: »Weil heut mein Tag is!« — Unser erster Kutscher war der Eigentümer des Fuhrwerkes selbst; ein finsterer einsilbiger Mann, der uns durch eine wahre Mistgasse in St. Pölten ins Gasthaus »zum goldenen Hirschen« führte und dann Relaispferde schickte. — Äsopus, sein Knecht, setzte sich jetzt auf den Kutschbock; wahrlich, ein Bursche, der mit der ganzen Gegend aufs genaueste bekannt war. Wir kamen ziemlich spät und ermüdet in Melk an, wo wir beim Goldenen Kreuz die Nachtherberge bestellten. Trotz der Ermüdung gingen wir danach, während das Nachtmahl bereitet wurde, am Ufer der Donau spazieren, und hier war's, wo ein unerwartet herrliches Schauspiel uns dies kleine Opfer belohnte: denn am linken Ufer der Donau brannten gerade am heutigen Abende häufige Sonnwendfeuer, die sich malerisch im vorüberrauschenden Strome spiegelten. —
Als wir zurückkehrten, wurde unser müder Alois sentimentalisch und fing schwärmend an: »Wie mag es jetzt meinen lieben Schwestern in Kritzendorf gehen?« — Schon wollte P. Thomas ihn in die Donau werfen, um so noch in der heutigen Nacht in Kritzendorf anzukommen — aber zu unserer Freude war es unnötig; denn beim Eintritte anderer Schwestern zur Herrichtung der Kuverts und der Betten, vergaß im Nu unser Schützen-

Dem geistlichen Herrn
wird Ehre erwiesen
Melk a/d Donau
1835
Sie freuen sich
über den Segen aus
dem vorbeifahrenden Wagen

berger die seinigen. – Das erste Nachtlager war wirklich kindlich und kindisch; denn wir hatten am 24. Juni Betten mit Ober- und Unterduchent. Seit meinen Kindertagen lag ich nimmer so kindlich in Federn gewickelt; und kindisch wurde gelacht, als P. Thomas wie ein geschickter Taschenspieler zeigte, daß einer, der vor seinem Bette steht und schon im Begriffe hineinzusteigen ist, dennoch sein rechtes Bett nicht mehr findet.

Ankunft auf dem Sonntagberge

Bei einem prächtigen Sonnenaufgang fuhren wir des folgenden Tages am 25. Juni von Melk ab. Mein Entzücken war groß, als ich die freundlichen Gegenden wieder erblickte, die ich vor 25 Jahren gesehen. – In Amstetten wurde wegen der köstlichen Schnitzel, die Schützenberger zu Mittage und auch bei andern Gelegenheiten öfters besorgte, derselbe von nun an mit dem Prädikate: »Schnitzelberger« begrüßt. Wir fuhren durch einen langen und geraden Tannenwald fröhlich nach Rosenau. Hier ließen wir den Wagen warten und gingen auf der auch zum Fahren ziemlich gut hergerichteten Straße den Sonntagberg hinauf. Es regnete allmählich stärker, und wir mußten in einem Gehöfte unterstehen. – Ein sehr einsilbiger Bauer, den wir späterhin als einen Lutheraner schildern hörten, verscheuchte uns durch sein mißtrauisches Benehmen aus der schirmenden Scheune, und wir mußten bei einem Düngerhaufen Platz nehmen, was für unsere erhitzten Lungen damals sehr heilsam war. Ein armes altes Mütterchen saß unter der Hausflur und betete, konnte aber ihr Erstaunen nicht verbergen, vier geistliche Herren bei diesem Potpourri zu erblicken. Wir beschenkten sie nach wenigen Fragen und machten ihr eine frohe Stunde.
Der Regen ließ indes nach, und wir waren nun bald am Sonntagberg. Welch eine feierliche Überraschung bereiteten uns die nahen und fernen Gebirge! – Unwillkürlich rief ich mir zu: »So lange mußtest du warten, um einen für jeden Österreicher so nahen und äußerst interessanten Punkt endlich zu sehen!« – Wir gingen alsobald in die Kirche und fanden ein liebliches schönes Gotteshaus, geschmückt mit herrlichen Fresken von Le Grand.

Nun ließen wir uns zum P. Superior, einem Benediktiner des benachbarten Stiftes Seitenstetten, hinführen, klopften dort an und ein leises »Herein!« machte uns eintreten. Denkt euch, liebe Freunde! ein kleines, schüchternes, gar schmächtiges Männchen und ihm zur Seite einen dickschädligen, semmelfarbenen Bullenbeißer, der uns noch dazu unter dem Namen »Tyranni« aufgeführt ward. Je schüchterner sein Gebieter, um so lebendiger war sein Hund; man mußte sich recht auf die Füße stellen, um durch seine freundlichen Karessen nicht umgeworfen zu werden. Er wurde von uns »der freundlichste aller Tyrannen« genannt und in der Folge durch manche Bissen entschädigt.
Der gute Superior P. Pius — Pius im strengsten Sinne des Wortes — wußte vor Zuvorkommenheit nicht gleich, wie und was er mit uns beginnen sollte; er führte uns in die Kirche — in die Schatzkammer — zum Gnadenbilde und fragte uns endlich mit großer Demut: »Die Herren werden uns wohl die Ehre geben, bei uns zu übernachten?« Ich antwortete: »Wir danken sämtlich und wollen nicht inkommodieren, denn es gibt einen guten Gasthof hier.« — Er schwieg, doch fing er wieder an, die Merkwürdigkeiten weiter fort zu explizieren. Tyranni mit seinen Karessen war überall dabei und der gute P. Pius hatte beständig abzuwehren. — Endlich fing er mit seiner Einladung abermals an; und ich, seine Ängstlichkeit bemerkend, fing nun ungescheut ihn zu fragen an: »Verzeihen Sie, hochwürdiger Herr, meiner Freimütigkeit; sind wir vielleicht erwartet?« — »Ei freilich!« war seine schlichte und kurze Antwort; — und nun ging es unter seiner mutgewinnenden Leitung über die Aussicht her. — Er brachte mehrere Fernrohre herbei; und weil die Sonne gerade das erfrischte ungeheuer weite Panorama beleuchtete, so schwelgte jeder aus uns in diesem Anblicke nach seiner Art. Ich konnte mich an dem so nahe scheinenden mächtigen Traunstein und an dem ungeheuren, mit Schnee bedeckten Pröllgar nicht sattsehen. Der Zug der glühend beleuchteten Wolken gaukelte der Phantasie allerlei Bilder vor und ich rief voll Entzücken: »Da seht einmal den feuerspeienden Vesuv!« — Doch nur ich war der einzige Seher; die andern sahen — nichts.

Gerade bewunderte ich noch das so lieblich zu unsern Füßen

liegende Städtchen Waidhofen an der Ybbs, schaute noch zu meiner innigen Freude das so ferne liegende Linz, als ich auf einmal die feine kalte Gebirgsluft spürte und zu meinen Brüdern sagte: »Jetzt habe ich genug; meine Nankingene fängt sich zu schämen an und etwas Warmes wäre jetzt gar nicht übel, um mich vor Erkältung zu sichern.« Da schlich sich in eben diesem Momente der liebe Pius um die Ecke herum und sagte einladend: »Meine Herren! Die Speisen sind aufgetragen!« Wir setzten uns zu einem vortrefflichen Souper in Gesellschaft von mehreren sehr gebildeten Benediktinern von Seitenstetten, die hier als Beichtväter leben. Alle hatten uns schon lange erwartet und bedauerten nur, uns so kurze Zeit zu besitzen. Während des Soupers machte Tyranni fleißig die Runde und wurde auch für seine Karessen hinreichend entschädigt, obschon er selbe mit seinem dicken Schädel oft ziemlich unsanft applizierte. — Nach Tische begab sich die ganze Gesellschaft zum Türkenbrunnen und bald alle zu Bette.

Sonntags, den 19. Juli

Vor Anbruch des Tages, ohne Frühstück, gings bis in das artige Städtchen Traunstein, wo wir im Posthause das Frühstück einnahmen. Über den großen, aber einsamen Platz schritt der größte Bartscherer, den ich in meinem Leben sah, stolz einher. Dieser Goliath trug weite, nankingene Pantalons, eine hechtgraue Jacke und breiten Hut; sein nicht kleines messingenes Bartbecken schwang er wie ein Schild. — Weil eben Sonntag war, so sah es auf der Straße ziemlich leer aus; nur ehrsame Land- und Bürgersleute in ihrem Sonntagsstaate begegneten uns zum Tempel des Herrn eilend oder zurückkehrend.

Im Laufe unseres Gespräches sagte Max: »Da in dieser Gegend links muß der Chiemsee liegen.« — Ich hatte schon öfter Gelegenheit zu bemerken, daß es wahrlich Zinsen trägt, wenn man die Kutscher gut hält. »Was nützt es mir«, fiel ich daher Maxen ziemlich laut in die Rede, »wenn der Chiemsee links liegt und wir rechts fahren?« — Unser guter Kutscher Seppel, der unsern Reden horchte, wendete sich jetzt um und sagte: »Es wird nit viel versamt sein, wann wir links fahrn und so können d'Herrn den Chiemsee a sehn.« – Ich sagte: »Bravo, lieber Seppel, fahre nur zu!« und so wendete er links, fuhr auf einer Brücke über die Eltz und hier sah ich den ersten bayrischen Gendarmen ganz behaglich am Geländer dort stehen. – Als Einleitung zum Anblicke des Chiemsees führte Max ein historisches Gespräch über das Stift der regulierten Chorherrn zu Chiemsee.

Wir brachen aus dem Gehölz hervor und im prächtigsten Sonnenlichte lag der Chiemsee, das sogenannte »bayrische Meer« vor unsern Augen. – Dieser See übertrifft alle andern, die wir gesehen und befahren hatten, nicht nur an Größe, sondern auch an der romantischen Lage. Im Anfange ist er nur von niedern Bergen mit zerstreuten Hütten, Kirchen u. dgl. eingefaßt; im Hintergrunde aber umgeben ihn himmelhohe Gebirge. Endlich wird der Wasserspiegel seiner Länge nach in weiter Entfernung durch zwei Inseln eingeengt; es sind dies die ehemaligen Stifte: Herrn- und Frauen-Chiemsee. – Wir fuhren beinahe eine Stunde hart an dem See und konnten uns an diesem Meere nicht satt sehen. – So sahen wir denn auch diesen Chiemsee, für uns Klosterneuburger besonders merkwürdig, weil in dem dortigen Herrenstifte der selige Hartmanns Prälat war und dann in der Folge als erster Probst der regulierten Chorherren nach Klosterneuburg im Jahre 1138 berufen wurde.

Schweigend und in einer langen Gedankenreihe schwelgend, fuhren wir fort und kamen endlich in ein weites Tal, in dessen Mitte ein großes schloßartiges Gebäude hart an einem andern See liegt. Es war das ehemalige regulierte Chorherrenstift Seon. – Wie ich mir so diese Gebäude mit ihren Wäldern, Gärten, Wiesen etc. und mit den Wirtschaftsgebäuden betrachtete, und weit und breit keinen Flecken, kein Dorf sah, bemerkte ich gegen Max, es sei dies das einsamste Stift, was ich gesehen, und die Chorherrn hier dürften weidlich gefischt und gejagt haben. – »Magst wohl recht haben«, erwiderte Max, »denn in der literarischen Welt ist mir nichts aus diesem Stifte bekannt.« – Nun, da jetzt ein reicher Brauer mit seiner feisten Priorissa die Prälatur bewohnt und unten andere stehen, die das tun, was sonst die Regulierten taten, so gleicht sich das Ding wieder aus.

Mittag war nahe, als wir eine steile Anhöhe hinauffuhren. Oben angelangt wurden wir durch einen herrlichen Anblick überrascht. Unten in einem tiefen Tale fließt majestätisch und schnell der breite Inn. Dieser, durch Hindernisse in Wut gesetzt, bricht sich überall Bahn, muß aber hier einer unbeugsamen Felsenwand nachgeben, kehrt unwillig um, umzüngelt die Stadt, die von der Höhe, mit ihren zusammengedrängten alten festen Häusern einer Burg gleicht und mit Recht den Namen Wasserburg führet, wie eine Insel, und fließt dann still und ruhig durch die freundliche Gegend da fort. — Wir gingen über eine gutgebaute Stiege zur Stadt hinab, und über die Innbrücke ins Innere, wo es in den Hallen recht fröhlich herging. Max besorgte im Gasthause ein Mittagessen, kam aber bald mit betrübter Miene zu mir zurück, und sagte: »Mir ist um meinen ausgehungerten Bruder leid; obwohl der ansehnlichste Gasthof, wissen sie doch nichts von einem Braten!« — »Immerhin«, entgegnete ich, »gefällt es mir auch ohne Braten hier!« — Es waren aber diese Wirtsleute gar artige Geschöpfe. Wir setzten uns zu Tische und waren begierig, was da kommen würde. Es kam ein Suppentopf, worin viereckige Klöße wie kleine Inseln herumschwammen; es kam — um den Stufengang, »das junge Rind geht dem alten vor«, schön zu beachten, — ein kälberner Nierenbraten mit Sauce, dann erst der Rindstorso; und weil sie vom Braten nichts wußten, zuletzt ein delikates gesulztes Huhn. — Sie trugen den andern anwesenden Gästen eine Art Kuchen auf; wir schon genug gesättigt, refüsierten. Es waren dies, wie ich hernach erfuhr, eine an Sonn- und Feiertagen in Bayern übliche Speise, die sogenannten »Bamberger Krapfen«. — Am Platze, wo eine Menge Landvolk versammelt war, ging es recht lebhaft zu. Da ertönte mit einem Male die Glocke am hohen Dome, augenblickliche Stille trat ein und alles begab sich in die Kirche. — Heute an einem Sonntage sah ich das echt bayrische Kostüm. — Im Kammergut, Salzburgischen usw. bis hieher, tragen die Männer blendend weiße Strümpfe und Schuhe, Stiefel nur wenige; lange Röcke mit hohen Schößen, kurze Beinkleider, oben mit breiten Hosenträgern festgehalten, aus denen in der rechten Hosentasche ein mehr oder weniger reiches Eßbesteck hervorsieht. — Die Weiber und Mädchen tragen breitere Hüte als die Männer; und selbst in dieser heißen Jahreszeit sah ich mehrere Weiber mit einer vorne weniger, hinten höher aufgestülpten schwarzen Pelzmütze, weil sie wissen, daß sie ihnen gut lassen. Sie haben ferner längere oder kürzere Röcke, je nachdem der Fuß schön oder häßlich geformt, weite Hemdärmel und einfache oder bunte hiezu gehörige Mieder. – Dies gilt jedoch nur von dem Trosse; die Bürgerinnen aber, die an den Fenstern lehnten oder vor der Hausflur saßen, waren ebenso, nur reicher und geschmackvoller gekleidet. Schöne feine Gesichter mit üppig-blondem Haargeflechte, entweder mit der beschriebenen Pelzmütze oder mit einer Goldhaube, in Form einer Krone mit Zinken, dann die schwarzen mit Gold oder Silber gestickten Mieder machten das Ganze recht volkstümlich und deutsch. Nach dieser Musterung fuhren wir von Wasserburg, wo kein Tropfen Wasser über unsere Lippen kam, fröhlich ab. –

Die große Hitze und das einladende bayrische Bier zog uns bei der nächsten Poststation Steinhering ins Gasthaus. – Wir setzten uns an ein Tischchen im Freien; und ich lehnte mich nahe an ein Fenster, um die Gespräche der Bauern, von denen es im Gasthause wimmelte, zu vernehmen. Aber weder ich noch Max verstanden von ihrem Jargon ein Wort. – Die Kellnerin, die uns Bier brachte, sagte mit lächelnder Miene: »Sind Ihnen etwa frische Bratwürste gefällig?« – »Ich danke, mein liebes Kind, wir kommen just vom Speisen!« – In unserer Nähe saß ein vierschrötiger Bauer; dem brachte sie ein Gericht Würste, daß jeder vermutet hätte, es würden mehrere daran teilnehmen. Er blieb allein, zog vom Leder (sein Messer aus der Hosentasche) und hieb so ein, daß er in kurzer Zeit hiemit fertig war. Uns wässerte jetzt der Mund und wir riefen: »Bringen Sie uns auch Würste!« Sie brachte ein halb Dutzend nicht kleiner Gattung; und bei dem ersten Bissen, den wir versuchten, gestanden wir, nirgends so köstliche Würste genossen zu haben. Um uns aber den Magen nicht zu überladen, gaben wir eine gute Portion hievon dem Kutscher. – Unsere Exklamatione über die Würste und das treffliche kalte Bier (denn in Bayern wird jede Kanne Bier besonders aus dem Keller geholt), lockten gar die Frau Wirtin heraus. Ich sah an ihr ein junges, schönes, deutsches Weib im einfachen aber geschmackvollen bayrischen Kostüm; und Pantoffeln trug sie am niedlichen Füßchen, daß mancher unter einem solchen gerne zu stehen wünschte. – Ich aber sagte: »Et ne nos inducas etc.« zahlte und fuhr dann mit dem verwunderten Max auf und davon. –

Als wir nach langem Fahren aus einer waldigen Gegend herauskamen, erblickte ich auf der Anhöhe ein sehr großes Schloß.« Wie heißt der Ort? – Wem gehört dies Schloß?« – »Der Ort heißt Ebersperg, und das Schloß«, fiel der allzeit fertige Max ein, »ist das berühmte ehemalige Jesuiten-Kollegium. Es befindet sich gegenwärtig ein Landrichter darinnen.« – Ob die Jesuiten Hundsfötter, ob sie der menschlichen Gesellschaft nützlich oder schädlich waren, weiß ich nicht. Aber das weiß ich, das sehe ich, daß wo sie immer nisteten, sie großartige Werke aufweisen. – Entweder hat sich hier der Landesregierung oder des Herrn Landrichters ein jesuitischer Tätigkeitsgeist bemeistert; genug, das Schloß und die Wirtschaftsgebäude sind im besten Stande, ein ungeheurer Obstgarten angelegt und die Wege mit Fruchtbäumen besetzt.

Gesegnet die Hand, die sie gepflanzet hat! –

Indes brummte in der Ferne der Donner; es fing zu regnen an, und wir eilten hastig nach der Poststation Zorneding, wo nichts anders zu merken, als daß man uns, die wir mehr schläfrig als hungrig waren, zwei ganze Kapaunen zum Nachtessen aufsetzte.

Wilhelm Waiblinger

Briefe aus Rom

Rom, den 10. Juli 1827

Die drei Wochen, die ich auf der Reise war, gehören unstreitig zu den schönsten meines Lebens. In einer Gesellschaft junger Männer von vorzüglich feiner Bildung, welche sich Jahre in Paris aufgehalten und mir sämtlich werte Freunde geworden sind, unternahmen wir die beschwerliche Reise ins wilde Abruzzogebirge, an den höchsten Schneeberg Italiens; die Velina, an den See von Fucino, nach Alba Longa und Tagliacozzo, wir sahen das ungeheure Riesenwerk des Kaisers Claudius, den Wasserkanal, den er 25 000 Palmen durch den Berg ziehen ließ, und tausend interessante Dinge. Jene Gegenden sind wild und rauh und dennoch von der süßesten italienischen Farbe verklärt. Der See ist eine entzückende Wasserfläche, voll Dörfern und Städten an den violetten Ufern, und so klar, wie ich noch nie, selbst in Italien, eine Flut gesehen. Wir wurden in jenen Berghöhen, wohin nur wenige Reisende vordringen, weil es beschwerlich und durch die Räuber höchst gefährlich ist, wie Meerwunder angesehen; die ganze Einwohnerschaft verfolgte uns hinterher, und wir speisten immer vor dem halben Dorfe. Oft trafen wir kaum einen Bissen schlechte Nahrung, in Avezzano aber, einem Dörfchen am See, wurden wir so gut in einem Privathause aufgenommen, daß wir uns vier Tage in dieser überschwenglich reizenden Natur aufhielten und uns nur mit Schmerz von dem lieblichen Orte trennten, an den uns noch dazu unsere einzig schönen Wirtinnen fesselten. Die Namen Clorinda, Gemma und Palmira werden mir immer ein freundliches Andenken an eine Gegend bleiben, wo nach der Meinung der Leute nur abruzzesische Banditen hausen. Wir kamen über Berge von drei Stunden zu steigen und wateten selbst durch

Schnee von drei Schuhen, während auf der Sonnenseite des furchtbaren Gebirges Millionen Hyazinthen und Zeitrosen blühten. Nach unzähligen Abenteuern und Naturgenüssen, in beständiger Heiterkeit und gesellschaftlicher Lust, ohne das geringste Unglück, wiewohl nicht ohne manches Ungemach, gelangten wir wieder in den römischen Staat zurück, schwärmten in meinen Lieblingsorten Subiaco, Civitella und Olevano noch viele Tage, zogen dann in die Volskergebirge nach Cori und verweilten uns zwei Tage in dieser wahrhaft himmlischen Fels- und Blumenstadt. Hier unter unzähligen blühenden Aloes, unter Oliven, Zypressen, Myrthen und Palmen steht der unvergleichlich schöne Tempel des Herkules aus dem grauesten Altertum in einem paradiesischen Garten, von dem aus das ganze unendliche Tyrrhenische Meer, das Cap der Circe, die drei Ponzainseln und die Pontinischen Sümpfe sich ausstrecken. Sofort gings übers Albanergebirge wieder nach Rom zurück, nachdem wir noch den Feuerwein von Genzano und Velletri tüchtig gekostet. Die Hitze drückte uns in den letzten Tagen mit einer Glut, wie sie nur selten bei Euch im August ist. Diese drei Wochen lebten wir unterm fortwährenden Gesang der Nachtigall, denn der April ist unser Mai, und dieser Sängerinnen gibts hier im Süden Millionen. Ich fühlte mich so unsäglich glücklich, daß ich Angst hatte, es möchte mich zu Hause ein Schlag von Bedeutung treffen, der mir die genossene Freude vernichte . . .
Schon hab ich alle Inseln und die drei Meerbusen von Gaeta, Neapel und Salerno bis ans griechische Paestum durchzogen und gesehen und genossen und wie im brennenden Durst in mich hineingeschüttet, was hier in Strömen von Schönheit fließt. Nun aber ist mir das erschrecklich tumultuarische Neapel und das Wogen, Schreien und Lärmen einer halben Million Menschen so zur Last geworden, daß ich mich auf diese reizendste aller Inseln zurückgezogen, welche zu Christi Zeiten einst der Tyrann Tiberius bewohnte, von dessen Palast noch eine Menge Ruinen vorhanden sind. Hier, mitten im Mittelländischen Meer, leb ich wie ein Gott so froh und glücklich. Zu vier Seiten erblick ich Meer durch mein Fenster und schauderhafte Felsen und Palmen, Orangen, Myrthen, indianische Feigen, Aloe, Lor-

Ritt auf den Ätna
1827

beer und Trauben. Auf dem Dache genieß ich eine himmlische Aussicht auf das hohe Meer von zwei Seiten, gegen Afrika und gegen Nord. Alles atmet hier orientalischen Geist; die Häuser sind auf morgenländische Weise gebaut, die Frauen selbst tragen griechisches Kostüm. Guiseppe Pagani, ein Notar, bei dem ich wohne, ist der erste Ehrenmann der Welt, und der Capriwein ist weit berühmt. Seit drei Wochen wechsle ich täglich zwischen den köstlichen Weinen von Calabrien, Ischia, Capri, Syrakus, Marsala und Lacrimae Christi. Auf der Felsspitze meiner wilden Insel genieß ich die Aussicht über drei Meerbusen und sehe vom Vorgebirg der Circe von Terracina bis nach Kalabrien herunter, und tief in hoher See duften mir die Ponzainseln herüber. Der Vesuv erhebt sein dampfendes Haupt, und Neapel selbst, wie wohl 26 Miglien entfernt, ist als heller Streifen über dem Meer erkennbar. Hier einen Sonnenuntergang! Das ist das Elysium selbst, und ich gedenke noch Monate hier zu verweilen. Gegenwärtig aber sind wir von den Tripolitanern und Algierfahrern bedroht: es zeigten sich afrikanische Schiffe in unserer Nähe, und gestern sahen wir drei neapolitanische Kriegsschiffe in die See stechen. Es wäre ein Spaß, wenn der Türke käme. Auf den kleinen Warten der Insel schaut man immer gegen Süd, ob sich kein tunisches Fahrzeug zeige.

Unterdessen bin ich tagelang in den Pomeranzenwäldern von Sorrent umhergeirrt, habe die zauberischen Inseln Ischia und Procida besucht, den Meerbusen von Salerno ganz durchschifft, Amalfi, Atrani, Salerno und die dreitausendjährigen griechischen Tempel in Paesto gesehen, bin in dem aufgegrabenen Pompeji umhergewandelt, das die Lava des Vesuvs 70 Jahre nach Christi Geburt bedeckte und das nun wieder ans Licht tritt. Denkt Euch, in diesen Straßen zu wandeln, wo noch die Spur der Wagenräder auf den Steinen ist, alle Handwerkszeuge, Zieraten, Schmuck und selbst noch Lebensmittel gefunden werden. Da lebt die Vorwelt auf, und welche Vorwelt! Welche niedlichen Zimmer, Höfe, Häuser, Gräber, Tempel, Theater, Bäder. Sodann habe ich den Vesuv erstiegen. Gott sei gelobt, er brennt entsetzlich gegenwärtig. Das will aber Mühe und Schweiß, bis an die Spitze des Kraters hinaufzuklettern. Er wirft Lava, alle fünf Minuten brach ein ungeheurer Qualm von Feuer und Dampf und Rauch, Asche und Steine mit furchtbarem Donner aus dem schwarzen Kegel. Eine halbe Stunde noch unter der Spitze konnten wir in zwei Minuten in der Erde Eier sieden. Das Schauspiel nun bei Nacht genossen, hat seinesgleichen nicht auf der Welt. Über dem entsetzlichen Krater, aus dem die Feuersäule emporwallt und der recht wohl das Bild der Hölle vors Auge rückt, sahen wir endlich den Mond aufgehen, und er schien so südlich helle, daß wir die fernsten Inseln im Meere entdecken konnten. Auch von unten entzükken einen bei Nacht die großen Flammenwolken über dem Vulkan.

Zuerst ging ich von Messina nach dem unbeschreiblich schönen Taormina, wo dann der alte Riese Ätna zum erstenmal nahe vor meinen Augen aus dem Meere stieg. In Catania sodann sah ich gleichfalls das erste Kirchenfest der heiligen Agatha, das bezaubernd reizend ist. Außerdem hatte ich die besten Empfehlungen dahin und genoß unsäglich viel Freundschaft. Und von hier aus, am 23. und 24. August, habe ich den Ätna bestiegen. Unter zehn Reisenden, die es versuchen, die höchste Spitze dieses 11 000 Fuß hohen Vulkans zu erklimmen, gelingts kaum einem. Der lindeste Wind wirft einen zu Boden. Ich habe, dank dem Gott, den ich nie größer sah als an jenem Morgen, alles äußerste Glück gehabt. Zehn Stunden steigt man empor und übernachtet unter dem Krater in einem Hause, wo man in ein Matrosencapotto gehüllt am Feuer sich vor der sibirischen Kälte schützt. In jener Nacht schlief kein Mensch in ganz Europa so hoch als ich, denn ich war 10 000 Fuß hoch. Ich spürte gar keinen schädlichen Einfluß der Luft. Die meisten erbrechen sich. Ich verzehrte mein Huhn und trank meinen göttlichen Wein, aber fror dennoch. Zwei Stunden vor Tag trat ich mit dem Führer (denn ich habe zwei Personen und zwei Pferde für die Reise nötig gehabt), über und über eingehüllt, mit dem gewaltigen Stock die fürchterliche Wanderung auf den Krater an. Es rauchte erschrecklich, und der Dampf kam uns entgegen, denn es war Ostwind. Weiter empor als über die grauenvolle

Lava kommt selten jemand. Mir gelangs. Eine Stunde lang kletterte ich empor und erreichte den Gipfel glücklich. Noch war Dämmerung. Ich glaubte zu sehen, wie Gott die Welt schaffe. Kein Wort reicht, um Euch diesen Anblick zu beschreiben. Angeklammert in Todesangst (denn der leiseste Luftzug ist lebensgefährlich), zu Boden auf der rauchenden Erde liegend, sah ich in diese Hölle hinab unter Dampf und Feuer und Donner. Schaudervolleres hab ich nicht gesehen. Aber Erhabeneres nichts als auf der höchsten Spitze, wo ich, freilich zitternd vor Angst und zu Boden gestreckt, die Sonne hinter Kalabrien aus dem griechischen Meere heraufglühen sah, während es auf der ganzen Erde noch Nacht war. 800 Miglien übersieht man hier oben, die ganze Insel mit all ihren tausend Gebirgen, die nur wie Maulwurfshügel umherliegen, drei Meere, das äolische, ionische und adriatische, Italien wie eine Landkarte, bis nach Malta und Afrika; die ungeheuren aus der Hölle verdampfenden Wolken vergoldeten sich im Sonnenstrahl, das gab das schönste Schauspiel, das ich sah. Der Schatten der Berge lag azurblau und triangular wie eine Pyramide die Insel entlang, und also über 6 Tagereisen weit nur ein Bergschatten. Allmählich tagte es auch unten auf Erden. Der Ätna hat 52 kleine Berge um sich, die bei Ausbrüchen entstanden und von denen die meisten höher sind als die Achalm, und doch sehen diese nur wie Hügelchen aus. Eine halbe Stunde hielt ichs oben aus, bis uns der Wind forttrieb. Zweimal wurden wir zu Boden geworfen. Weiter oben hätts uns das Leben gekostet. Wir stiegen herab und langten glücklich beim Hause an. Unser Wasser war uns gefroren! Das gab ein Frühstück! Wir ritten aber unsere zehn Stunden wieder hinab, und ich verlebte in Nicolosi und Trecastagne himmlische Stunden mit muntern Catanesern.

Franz Schubert

An Ferdinand Schubert (1825)

Lieber Bruder! Den 12. Sept. 1825. Gmunden

Deiner Aufforderung gemäß möchte ich dir freilich eine ausführliche Beschreibung unserer Reise nach Salzburg und Gastein machen, allein Du weißt, wie wenig ich zum Erzählen und Beschreiben geeignet bin; da ich indessen bei meiner Zurückkunft nach Wien auf jeden Fall erzählen müßte, so will ich es doch lieber jetzt schriftlich als dann mündlich wagen, ein schwaches Bild all dieser außerordentlichen Schönheiten zu entwerfen, indem ich jenes doch besser als dieses zu treffen hoffe.

Wir reiseten nämlich ungefähr halben August von Steyer ab, fuhren über Kremsmünster, welches ich zwar schon öfter gesehen habe, aber wegen seiner schönen Lage nicht übergehen kann. Man übersieht nämlich ein sehr liebliches Thal, von einigen kleinen sanften Hügeln unterbrochen, auf dessen rechter Seite sich ein nicht unbedeutender Berg erhebt, auf dessen Gipfel das weitläufige Stift schon von der Fahrstraße, die über einen entgegengesetzten Bach herabführt, den prächtigsten Anblick gewährt, der besonders durch den mathematischen Thurm sehr erhöht wird. Hier, wo wir schon länger bekannt sind, besonders Hr. v. Vogl, der hier studiert hat, wurden wir sehr freundlich empfangen, hielten uns aber nicht auf, sondern setzten unsere Reise, ohne daß sie eine besondere Erwähnung verdiente, bis nach Völklabruck fort, wo wir Abends anlangten; ein trauriges Nest. Den andern Morgen kamen wir über Strasswalchen und Frankenmarkt nach Neumarkt, wo wir Mittag machten. Diese Örter, welche schon im Salzburgischen liegen, zeichnen sich durch eine besondere Bauart der Häuser aus. Alles ist beinahe von Holz. Das hölzerne Küchengeschirr steht auf hölzernen Stellen, die außen an den Häusern angebracht werden, um welche hölzerne Gänge herumlaufen. Auch hängen allenthalben zerschossene Scheiben aus den Häusern, die als Siegestrophäen erhalten sind aus längst vergangenen Zeiten; denn man findet die Jahreszahlen 1600 und 1500 häufig. Auch fängt hier schon das bairische Geld an. Von Neumarkt, welches die letzte Post vor Salzburg ist, sieht man schon Berggesspitzen aus dem Salzburger Thal herausschauen, die eben mit Schnee bedeckt waren. Ungefähr eine Stunde von Neumarkt wird die Gegend schon wunderschön. Der Waller-See, welcher rechts von der Straße sein helles blaugrünes Wasser ausbreitet, belebt diese anmuthige Gegend auf das herrlichste. Die Lage ist sehr hoch und von nun an geht es immer abwärts bis nach Salzburg. Die Berge steigen immer mehr in die Höhe, besonders ragt der fabelhafte Untersberg wie zauberhaft aus den übrigen hervor. Die Dörfer zeigen Spuren von ehemaligem Reichthum. An den gemeinsten Bauernhäusern findet man überall marmorne Fenster- und Thürstöcke, auch sogar manchmal Stiegen von rothem Marmor. Die Sonne verdunkelt sich und die schweren Wolken ziehen über die schwarzen Berge wie Nebelgeister dahin; doch berühren sie den Scheitel des Untersberges nicht, sie schleichen an ihm vorüber, als fürchteten sie seinen grauenvollen Inhalt.

Das weite Thal, welches mit einzelnen Schlössern, Kirchen und Bauernhöfen wie angesäet ist, wird dem entzückten Auge immer sichtbarer. Thürme und Paläste zeigen sich nach und nach; man fährt endlich an dem Kapuzinerberge vorbei, dessen ungeheure Felswand hart an der Straße senkrecht in die Höhe ragt und fürchterlich auf den Wanderer herabblickt. Der Untersberg mit seinem Gefolge wird riesenhaft, ihre Größe will uns fast erdrücken. Und nun geht es durch einige herrliche Alleen in die Stadt selbst hinein. Festungswerke aus lauter Quadersteinen umgeben diesen so berühmten Sitz der ehemaligen Churfürsten. Die Thore der Stadt verkünden mit ihren Inschriften die verschwundene Macht des Pfaffenthums. Lauter Häuser von 4 bis 5 Stockwerken erfüllen die ziemlich breiten Gassen und an dem wunderlich verzierten Hause des Theophrastus Paracelsus vorbei geht es über die Brücke der Salzach, die trüb und dunkel mächtig vorüberbraust. Die Stadt selbst machte einen etwas düstern Eindruck auf mich, indem ein trübes Wetter die alten Gebäude noch mehr verfinsterte, und überdies die Festung, die auf dem höchsten Gipfel des Mönchsberges liegt, in alle Gassen der Stadt ihren Geistergruß herabwinkt. Da leider gleich nach unserer Ankunft Regen eintrat, welches hier sehr oft der Fall ist, so konnten wir außer den vielen Palästen und herrlichen Kirchen, deren wir im Vorbeifahren ansichtig wurden, wenig zu sehen bekommen.

Durch Hrn. Pauernfeind, ein dem Hrn. v. Vogl bekannter Kaufmann, wurden wir bei dem Grafen von Platz, Präsident der Landrechte, eingeführt, von dessen Familie, indem ihnen unsere Namen schon bekannt waren, wir freundlichst aufgenommen wurden. Vogl sang einige Lieder von mir, worauf wir für den folgenden Abend geladen und gebeten wurden, unsere sieben Sachen vor einem auserwählten Kreise zu producieren, die denn auch unter besonderer Begünstigung des schon in meinem ersten Briefe erwähnten Ave Maria's Allen sehr zu Gemüthe gingen. Die Art und Weise, wie Vogl singt und ich accompagnire, wie wir in einem solchen Augenblicke Eins zu sein scheinen, ist diesen Leuten etwas ganz Neues, Unerhörtes. Nachdem wir den andern Morgen den Mönchsberg bestiegen, von welchem man einen großen Theil der Stadt übersieht, mußte ich erstaunen über die Menge herrlicher Gebäude, Paläste und Kirchen. Doch gibt es wenig Einwohner hier, viele Gebäude stehen leer, manche sind nur von einer, höchstens zwei bis drei Familien bewohnt. Auf den Plätzen, deren es viele und schöne gibt, wächst zwischen den Pflastersteinen Gras, so wenig werden sie betreten. Die Domkirche ist ein himmlisches Gebäude, nach dem Muster der Peterskirche in Rom, versteht sich im verkleinerten Maßstabe. Die Länge der Kirche hat die Form des Kreuzes, ist von vier ungeheuren Höfen umgeben, von denen jeder einzelne einen großen Platz bildet. Vor dem Eingange stehen die Apostel in riesenhafter Größe in Stein gehauen. Das Innere der Kirche wird von vielen marmornen Säulen getragen, ist mit den Bildnissen der Churfürsten geschmückt, und in allen seinen Theilen wirklich vollendet und schön. Das Licht, welches durch die Kuppel hereinfällt, erleuch-

tet jeden Winkel. Diese außerordentliche Helle macht eine göttliche Wirkung, und wäre allen Kirchen anzuempfehlen. Auf den vier Plätzen, welche die Kirche umgeben, befinden sich große Springbrunnen, die mit den herrlichsten und kühnsten Figuren geschmückt sind.
Von hier gingen wir in das Kloster zu St. Peter, wo Michael Haydn residiert hat. Auch diese Kirche ist wunderschön. Hier befindet sich, wie Du weißt, auch das Monument des M. Haydn. Es ist recht hübsch, aber steht auf keinem guten Platz sondern in einem abgelegenen Winkel. Auch lassen diese herumliegenden Zettelchen etwas kindisch; in der Urne befindet sich sein Haupt. Es wehe auf mich, dachte ich mir, dein ruhiger, klarer Geist, du guter Haydn, und wenn ich auch nicht so ruhig und klar sein kann, so verehrt dich doch gewiß Niemand auf Erden so innig als ich. (Eine schwere Thräne entfiel meinen Augen und wir gingen weiter. –)
Mittags speiseten wir bei Hrn. Pauernfeind, und als uns Nachmittags das Wetter erlaubte auszugehen, bestiegen wir den zwar nicht hohen, aber die allerschönste Aussicht gewährenden Nonnenberg. Man übersieht nämlich das hintere Salzburger Thal. Dir die Lieblichkeit dieses Thals zu beschreiben, ist beinahe unmöglich. Denke Dir einen Garten, der mehrere Meilen im Umfange hat, in diesem unzählige Schlösser und Güter, die aus den Bäumen heraus oder durchschauen, denke Dir einen Fluß, der sich auf die mannigfaltigste Weise durchschlängelt, denke Dir Wiesen und Aecker, wie eben so viele Teppiche von den schönsten Farben, dann die herrlichsten Matten, die sich wie Bänder um sie herumschlingen, und endlich stundenlange Alleen von ungeheuren Bäumen, dieses Alles von einer unabsehbaren Reihe von den höchsten Bergen umschlossen, als wären sie die Wächter dieses himmlischen Thals, denke Dir dieses, so hast Du einen schwachen Begriff von einer unaussprechlichen Schönheit.
Das übrige von Salzburgs Merkwürdigkeiten, welche ich erst auf der Rückreise zu sehen bekomme, lasse ich auch bis dahin, indem ich meine Beschreibung chronologisch verfolgen will.

So reiste man
1825
Wegen der vielen Hunde
trug man ein Hundevertreibstock

Den 21. September (1825), Steyer

Du siehst aus dem angemerkten Datum, daß zwischen dieser und jener Zeile mehre Tage verflossen sind, und wir von Gmunden leider auf Steyer umsiedelten. Um also meine Reisebeschreibung (die mich leider schon reuet, weil sie mir zu lange dauert) fortzusetzen, folgt wie folget Folgendes: Der folgende Morgen war nämlich der schönste Tag von der Welt und in der Welt. Der Untersberg, oder eigentlich der Oberste glänzte und blitzte mit seinem Geschwader und dem gemeinen Gesindel der übrigen Berge herrlich in, oder eigentlich neben der Sonne. Wir fuhren durch das oben beschriebene Thal, wie durch's Elysium, welches aber vor jenem Paradies noch das voraus hat, daß wir in einer charmanten Kutsche saßen, welche Bequemlichkeiten Adam und Eva nicht hatten. Statt den wilden Thieren begegneten uns manche allerliebste Mädchen, — — —.

Es ist gar nicht recht, daß ich in einer so schönen Gegend so miserable Späße mache, aber ich kann heut einmal nicht ernsthaft sein. So steuerten wir denn, in Wonne versunken über den schönen Tag und über die noch schönere Gegend, gemächlich fort, wo uns nichts auffiel, als ein niedliches Gebäude, welches Monat-Schlößchen heißt, weil es ein Churfürst in einem Monat für seine Schöne aufbauen ließ. Das weiß hier jeder Mensch, doch stößt sich Niemand daran. Eine Toleranz zum Entzücken. Auch dieses Gebäudchen sucht durch seine Reize das Thal zu verherrlichen. Nach einigen Stunden gelangten wir in die zwar merkwürdige, aber äußerst schmutzige und grausliche Stadt Hallein.

Die Einwohner sehen alle wie Gespenster aus, blaß, hohläugig und mager zum Anzünden. Dieser schreckliche Contrast, den dieser Anblick des Ratzenstadtl's etc. auf jenes Thal erzeugt, machte einen höchst fatalen Eindruck auf mich. Es ist, als wenn man von dem Himmel auf einen Misthaufen fiele, oder nach einer Mozart'schen Musik ein Stück von dem unsterblichen A. hörte. Den Salzberg sammt den Salzbergwerken anzusehen, war Vogl nicht zu bewegen, dessen große Seele, angetrieben durch seine Gicht, nach Gastein strebte, wie in finsterer Nacht der Wanderer nach einem lichten Punct. Wir fuhren also weiter über Golling, wo sich schon die ersten hohen, unübersteigbaren Berge zeigten, durch deren fürchterliche Schluchten der Pass Lueg führt. Nachdem wir dann über einen großen Berg langsam heraufkrallten, vor unserer Nase, so wie zu den beiden Seiten schreckliche Berge, so daß man glauben könnte, die Welt sei hier mit Bretern vernagelt, so sieht man plötzlich, indem der höchste Punct des Berges erreicht ist, in eine entsetzliche Schlucht hinab, und es droht einem im ersten Augenblicke einigermaßen das Herz zu schüttern. Nachdem man sich etwas von dem ersten Schreck erholt hat, sieht man diese rasend hohen Felswände, die sich in einiger Entfernung zu schließen scheinen, wie eine Sackgasse, und man studirt umsonst, wo hier der Ausgang sei ...

Nachdem es nun eine Weile abwärts geht, die beiden Felswände immer näher zusammenrücken und die Straße sammt dem Strom auf 2 Klaftern Breite eingeengt werden, so wendet sich hier, wo man es am wenigsten vermuthet, unter einem herüberhängenden Felsen bei dem zornigen Wüthen der eingezwängten Salzach, die Straße zur angenehmen Überraschung des Wanderers. Denn nun geht es, obwohl noch immer von himmelhohen Bergen eingeschlossen, auf breiterem Wege und eben dahin. Mittags kamen wir in Werffen an. Ein Markt mit einer bedeutenden Festung, von den Salzburger Churfürsten erbaut, wird jetzt vom Kaiser renovirt. Auf unserer Rückreise bestiegen wir selbe, es ist ver(dammt) hoch, gewährt aber eine herrliche Aussicht in das Thal, welches auf einer Seite von den ungeheuren Werffner Gebirgen, die man bis Gastein sieht, begrenzt ist. Himmel, Teufel, das ist etwas Erschreckliches, eine Reisebeschreibung, ich kann nicht mehr. Da ich so in den ersten Tagen des Octobers nach Wien komme, so werde ich Dir dieses Geschreibsel selber übergeben und das Uebrige mündlich erzählen.

Heinrich Heine

Die Harzreise
(1824)

Schwarze Röcke, seidne Strümpfe,
Weiße, höfliche Manschetten,
Sanfte Reden, Embrassieren –
Ach, wenn sie nur Herzen hätten!
Herzen in der Brust, und Liebe,
Warme Liebe in dem Herzen –
Ach, mich tötet ihr Gesinge
Von erlognen Liebesschmerzen.
Auf die Berge will ich steigen,
Wo die frommen Hütten stehen,
Wo die Brust sich frei erschließet,
Und die freien Lüfte wehen.
Auf die Berge will ich steigen,
Wo die dunklen Tannen ragen,
Bäche rauschen, Vögel singen,
Und die stolzen Wolken jagen.
Lebet wohl, ihr glatten Säle,
Glatte Herren! Glatte Frauen!
Auf die Berge will ich steigen,
Lachend auf euch niederschauen.

Die Stadt Göttingen, berühmt durch ihre Würste und Universität, gehört dem Könige von Hannover und enthält 999 Feuerstellen, diverse Kirchen, eine Entbindungsanstalt, eine Sternwarte, einen Karzer, eine Bibliothek und einen Ratskeller, wo das Bier sehr gut ist. Der vorbeifließende Bach heißt »die Leine« und dient des Sommers zum Baden; das Wasser ist sehr kalt und an einigen Orten so breit, daß Lüder wirklich einen großen Anlauf nehmen mußte, als er hinübersprang. Die Stadt selbst ist schön und gefällt einem am besten, wenn man sie mit dem Rücken ansieht. Sie muß schon sehr lange stehen; denn ich erinnere mich, als ich vor fünf Jahren dort immatrikuliert und bald darauf konsiliert wurde, hatte sie schon dasselbe graue, altkluge Ansehen und war schon vollständig eingerichtet mit Schnurren, Pudeln, Dissertationen, Teedansants, Wäscherinnen, Kompendien, Taubenbraten, Guelfenorden, Promotionskutschen, Pfeifenköpfen, Hofräten, Justizräten, Relegationsräten, Profaxen und anderen Faxen. Einige behaupten sogar, die Stadt sei zur Zeit der Völkerwanderung erbaut worden, jeder deutsche Stamm habe damals ein ungebundenes Exemplar seiner Mitglieder darin zurückgelassen, und davon stammten all die Vandalen, Friesen, Schwaben, Teutonen, Sachsen, Thüringer usw., die noch heutzutage in Göttingen, hordenweis und geschieden durch Farben der Mützen und der Pfeifenquäste, über die Weenderstraße einherziehen, auf den blutigen Wahlstätten der Rasenmühle, des Ritschenkrugs und Bovdens sich ewig untereinander herumschlagen, in Sitten und Gebräuchen noch immer wie zur Zeit der Völkerwanderung dahinleben und teils durch ihre Duces, welche Haupthähne heißen, teils durch ihr uraltes Gesetzbuch, welches Komment heißt und in den legibus barbarorum eine Stelle verdient, regiert werden.

Im allgemeinen werden die Bewohner Göttingens eingeteilt in Studenten, Professoren, Philister und Vieh, welche vier Stände doch nichts weniger als streng geschieden sind. Der Viehstand ist der bedeutendste. Die Namen aller Studenten und aller ordentlichen und unordentlichen Professoren hier herzuzählen, wäre zu weitläufig; auch sind mir in diesem Augenblick nicht alle Studentennamen im Gedächtnisse, und unter den Professoren sind manche, die noch gar keinen Namen haben ...

Es war noch sehr früh, als ich Göttingen verließ, und der gelehrte (Historiker J. H. Eichhorn) lag gewiß noch im Bette und träumte wie gewöhnlich: er wandle in einem schönen Garten, auf dessen Beeten lauter weiße, mit Zitaten beschriebene Papierchen wachsen, die im Sonnenlicht lieblich glänzen, und von denen er hier und da mehrere pflückt und mühsam in ein neues Beet verpflanzt, während die Nachtigallen mit ihren süßesten Tönen sein altes Herz erfreuen.

Vor dem Weender Tore begegneten mir zwei eingeborne kleine Schulknaben, wovon der eine zum andern sagte: »Mit dem Theodor will ich gar nicht mehr umgehen, er ist ein Lumpenkerl, denn gestern wußte er nicht mal, wie der Genitiv von Mensa heißt«. So unbedeutend diese Worte klingen, so muß ich sie doch wieder erzählen, denn die Jungen piepen, wie die Alten pfeifen, und jene Worte bezeichnen ganz den engen, trocknen Notizenstolz der hochgelahrten Georgia Augusta.
Auf der Chaussee wehte frische Morgenluft, und die Vögel sangen gar freudig, und auch mir wurde allmählich wieder frisch und freudig zu Mute. Eine solche Erquickung tat not. Ich war die letzte Zeit nicht aus dem Pandektenstall herausgekommen, römische Kasuisten hatten mir den Geist wie mit einem grauen Spinnweb überzogen, mein Herz war wie eingeklemmt zwischen den eisernen Paragraphen selbstsüchtiger Rechtssysteme, beständig klang es mir noch in den Ohren wie »Tribonian, Justinian, Hermogenian und Dummerjahn«, und ein zärtliches Liebespaar, das unter einem Baume saß, hielt ich gar für eine Korpusjurisausgabe mit verschlungenen Händen. Auf der Landstraße fing es an, lebendig zu werden. Milchmädchen zogen vorüber; auch Eseltreiber mit ihren grauen Zöglingen.
Hinter Weende begegneten mir der Schäfer und Doris. Dieses ist nicht das idyllische Paar, wovon Geßner singt, sondern es sind wohlbestallte Universitätspedelle, die wachsam aufpassen müssen, daß sich keine Studenten in Bovden duellieren und daß keine neue Ideen, die noch immer einige Dezennien vor Göttingen Quarantäne halten müssen, von einem spekulierenden Privatdozenten eingeschmuggelt werden. Schäfer grüßte mich sehr kollegialisch; denn er ist ebenfalls Schriftsteller und hat meiner in seinen halbjährigen Schriften oft erwähnt; wie er mich denn auch außerdem oft zitiert hat; und, wenn er mich nicht zu Hause fand, immer so gütig war, die Zitation mit Kreide auf meine Stubentür zu schreiben. Dann und wann rollte auch ein Einspänner vorüber, wohlbepackt mit Studenten, die für die Ferienzeit oder auch für immer wegreisten. In solch einer Universitätsstadt ist ein beständiges Kommen und Abgehen, alle drei Jahre findet man dort eine neue Studentengeneration, das

ist ein ewiger Menschenstrom, wo eine Semesterwelle die andere fortdrängt, und nur die alten Professoren bleiben stehen in dieser allgemeinen Bewegung, unerschütterlich fest, gleich den Pyramiden Ägyptens – nur daß in diesen Universitätspyramiden keine Weisheit verborgen ist.

Aus den Myrthenlauben bei Rauschenwasser sah ich zwei hoffnungsvolle Jünglinge hervorreiten. Ein Weibsbild, das dort sein horizontales Handwerk treibt, gab ihnen bis auf die Landstraße das Geleit, klätschelte mit geübter Hand die mageren Schenkel der Pferde, lachte laut auf, als der eine Reiter ihr hinten auf die breite Spontaneität einige Galanterien mit der Peitsche überlangte, und schob sich alsdann gen Bovden. Die Jünglinge aber jagten nach Nörten und johlten gar geistreich und sangen gar lieblich das Rossinische Lied: »Trink Bier, liebe, liebe Liese!« Diese Töne hörte ich noch lange in der Ferne: doch die holden Sänger selbst verlor ich bald völlig aus dem Gesichte, sintemal sie ihre Pferde, die im Grunde einen deutsch langsamen Charakter zu haben schienen, gar entsetzlich anspornten und vorwärtspeitschten. Nirgends wird die Pferdeschinderei stärker getrieben als in Göttingen, und oft, wenn ich sah, wie solch eine schweißtriefende, lahme Kracke für das bißchen Lebensfutter von unsern Rauschenwasserrittern abgequält ward oder wohl gar einen ganzen Wagen voll Studenten fortziehen mußte, so dachte ich auch: »O du armes Tier, gewiß haben deine Voreltern im Paradiese verbotenen Hafer gefressen!«

Im Wirtshause zu Nörten traf ich die beiden Jünglinge wieder. Der eine verzehrte einen Heringssalat, und der andere unterhielt sich mit der gelbledernen Magd, Fusia Canina, auch Trittvogel genannt. Er sagte ihr einige Anständigkeiten, und am Ende wurden sie handgemein. Um meinen Ranzen zu erleichtern, nahm ich die eingepackten blauen Hosen, die in geschichtlicher Hinsicht sehr merkwürdig sind, wieder heraus und schenkte sie dem kleinen Kellner, den man Kolobri nennt. Die Bussenia, die alte Wirtin, brachte mir unterdessen ein Butterbrot und beklagte sich, daß ich sie jetzt so selten besuche; denn sie liebt mich sehr.

Hinter Nörten stand die Sonne hoch und glänzend am Himmel. Sie meinte es recht ehrlich mit mir und erwärmte mein Haupt, daß alle unreifen Gedanken darin zur Vollreife kamen. Die liebe Wirtshaussonne in Nordheim ist auch nicht zu verachten; ich kehrte hier ein und fand das Mittagessen schon fertig. Alle Gerichte waren schmackhaft, und wollten mir besser behagen als die abgeschmackten akademischen Gerichte, die salzlosen, ledernen Stockfische mit ihrem alten Kohl, die mir in Göttingen vorgesetzt wurden. Nachdem ich meinen Magen etwas beschwichtigt hatte, bemerkte ich in derselben Wirtsstube einen Herrn mit zwei Damen, die im Begriff waren abzureisen. Dieser Herr war ganz grün gekleidet, trug sogar eine grüne Brille, die auf seine rote Kupfernase einen Schein wie Grünspan warf, und sah aus, wie der König Nebukadnezar in seinen späteren Jahren ausgesehen hat, als er, der Sage nach, gleich einem Tiere des Waldes, nichts als Salat aß.

Der Grüne wünschte, daß ich ihm ein Hotel in Göttingen empfehlen möchte, und ich riet ihm, dort von dem ersten besten Studenten das Hotel de Brühbach zu erfragen. Die eine Dame war die Frau Gemahlin – eine gar große, weitläuftige Dame, ein rotes Quadratmeilen-Gesicht mit Grübchen in den Wangen, die wie Spucknäpfe für Liebesgötter aussahen, ein langfleisch herabhängendes Unterkinn, das eine schlechte Fortsetzung des Gesichts zu sein schien, und ein hochaufgestapelter Busen, der mit steifen Spitzen und vielzackig festonierten Krägen, wie mit Türmchen und Bastionen umbaut war, und einer Festung glich, die gewiß ebensowenig wie jene anderen Festungen, von denen Philipp von Macedonien spricht, einem mit Gold beladenen Esel widerstehen würde. Die andere Dame, die Frau Schwester, bildete ganz den Gegensatz der eben beschriebenen. Stammte jene von Pharaos fetten Kühen, so stammte diese von den magern. Das Gesicht nur ein Mund zwischen zwei Ohren, die Brust trostlos öde, wie die Lüneburger Heide; die ganze ausgekochte Gestalt glich einem Freitisch für arme Theologen. Beide Damen fragten mich zu gleicher Zeit: ob im Hotel de Brühbach auch ordentliche Leute logierten. Ich bejahte es mit gutem Gewissen, und als das holde Kleeblatt abfuhr, grüßte ich

nochmals zum Fenster hinaus. Der Sonnenwirt lächelte gar schlau und mochte wohl wissen, daß der Karzer von den Studenten in Göttingen Hotel de Brühbach genannt wird.
Hinter Nordheim wird es schon gebirgig und hier und da treten schöne Anhöhen hervor. Auf dem Wege traf ich meistens Krämer, die nach der Braunschweiger Messe zogen, auch einen Schwarm Frauenzimmer, deren jede ein großes, fast häuserhohes, mit weißem Leinen überzogenes Behältnis auf dem Rükken trug. Darin saßen allerlei eingefangene Singvögel, die beständig piepsten und zwitscherten, während ihre Trägerinnen lustig dahinhüpften und schwatzten. Mir kam es gar närrisch vor, wie so ein Vogel den andern zu Markte trägt.
In pechdunkler Nacht kam ich an zu Osterode. Es fehlte mir der Appetit zum Essen und ich legte mich gleich zu Bette. Ich war müde wie ein Hund und schlief wie ein Gott. Im Traume kam ich wieder nach Göttingen zurück, und zwar nach der dortigen Bibliothek. Ich stand in einer Ecke des juristischen Saals, durchstöberte alte Dissertationen, vertiefte mich im Lesen, und als ich aufhörte, bemerkte ich zu meiner Verwunderung, daß es Nacht war und herabhängende Kristalleuchter den Saal erhellten. Die nahe Kirchenglocke schlug eben zwölf, die Saaltüre öffnete sich langsam, und herein trat eine stolze, gigantische Frau, ehrfurchtsvoll begleitet von den Mitgliedern und Anhängern der juristischen Fakultät. Das Riesenweib, obgleich schon bejahrt, trug dennoch im Antlitz die Züge einer strengen Schönheit, jeder ihrer Blicke verriet die hohe Titanin, die gewaltige Themis, Schwert und Waage hielt sie nachlässig zusammen in der einen Hand, in der andern hielt sie eine Pergamentrolle, zwei junge Doctores juris trugen die Schleppe ihres grau verblichenen Gewandes; an ihrer rechten Seite sprang windig hin und her der dünne Hofrat Rusticus, der Lykurg Hannovers, und deklamierte aus seinem neuen Gesetzentwurf; an ihrer linken Seite humpelte, gar langsam und wohlgelaunt, ihr Cavaliere servente, der geheime Justizrat Cujacius, und riß beständig juristische Witze und lachte selbst darüber so herzlich, daß sogar die ernste Göttin sich mehrmals lächelnd zu ihm herabbeugte, mit der großen Pergamentrolle

ihm auf die Schulter klopfte und freundlich flüsterte: »Kleiner, loser Schalk, der die Bäume von oben herab beschneidet!«

... Nachdem ich früh Kaffee getrunken, mich angezogen, die Inschriften auf den Fensterscheiben gelesen, und alles im Wirtshause besichtigt hatte, verließ ich Osterode.

Diese Stadt hat so und so viel Häuser, verschiedene Einwohner, worunter auch mehrere Seelen, wie in Gottschalks »Taschenbuch für Harzreisende« genauer nachzulesen ist. Ehe ich die Landstraße einschlug, bestieg ich die Trümmer der uralten Osteroder Burg. Sie bestehen nur noch aus der Hälfte eines großen, dickmaurigen, wie von Krebsschäden angefressenen Turms.

Der Weg nach Klausthal führte mich wieder bergauf, und von einer der ersten Höhen schaute ich nochmals hinab in das Tal, wo Osterode mit seinen roten Dächern aus den grünen Tannenwäldern hervor guckt wie eine Moosrose. Die Sonne gab eine gar liebe, kindliche Beleuchtung. Von der erhaltenen Turmhälfte erblickt man hier die imponierende Rückseite.

Nachdem ich eine Strecke gewandert, traf ich zusammen mit einem reisenden Handwerksburschen, der von Braunschweig kam und mir als ein dortiges Gerücht erzählte: der junge Herzog sei auf dem Wege nach dem gelobten Lande von den Türken gefangen worden und könne nur gegen ein großes Lösegeld frei kommen ... Der Erzähler jener Neuigkeit war ein Schneidergesell, ein niedlicher, kleiner, junger Mensch, so dünn, daß die Sterne durchschimmern konnten, wie durch Ossians Nebelgeister, und im ganzen eine volkstümlich barocke Mischung von Laune und Wehmut ...

Die Berge wurden hier noch steiler, die Tannenwälder wogten unten wie ein grünes Meer, und am blauen Himmel oben schifften die weißen Wolken. Die Wildheit der Gegend war durch ihre Einheit und Einfachheit gleichsam gezähmt. Wie ein guter Dichter, liebt die Natur keine schroffen Übergänge. Die Wolken, so bizarr gestaltet sie auch zuweilen erscheinen, tragen ein weißes, oder doch ein mildes, mit dem blauen Himmel und der grünen Erde harmonisch korrespondierendes Kolorit, so daß alle Farben einer Gegend wie leise Musik ineinander schmelzen und jeder Naturanblick krampfstillend und gemütberuhigend wirkt ...

Ein kleiner Junge, der für seinen kranken Oheim im Walde Reisig suchte, zeigte mir das Dorf Lerbach, dessen kleine Hütten mit grauen Dächern sich über eine halbe Stunde durch das Tal hinziehen. »Dort«, sagte er, »wohnen dumme Kropfleute und weiße Mohren« – mit letzterem Namen werden die Albinos vom Volke benannt. Der kleine Junge stand mit den Bäumen in gar eigenem Einverständnis; er grüßte sie wie gute Bekannte, und sie schienen rauschend seinen Gruß zu erwidern. Er pfiff wie ein Zeisig, ringsum antworteten zwitschernd die anderen Vögel, und ehe ich mich dessen versah, war er mit seinen nackten Füßchen und seinem Bündel Reisig ins Walddickicht fortgesprungen. Die Kinder acht' ich, sind jünger als wir, können sich noch erinnern, wie sie ebenfalls Bäume oder Vögel waren, und sind also noch im stande, dieselben zu verstehen; unsereins aber ist schon alt und hat zu viel Sorgen, Jurisprudenz und schlechte Verse im Kopf. Jene Zeit, wo es anders war, trat mir bei meinem Eintritt in Klausthal wieder recht lebhaft ins Gedächtnis. In dieses nette Bergstädtchen, welches man nicht früher erblickt, als bis man davor steht, gelangte ich, als eben die Glocke zwölf schlug und die Kinder jubelnd aus der Schule kamen. Die lieben Knaben, fast alle rotbäckig, blauäugig und flachshaarig, sprangen und jauchzten, und weckten in mir die wehmütige heitere Erinnerung, wie ich einst selbst, als ein kleines Bübchen, in einer dumpfkatholischen Klosterschule zu Düsseldorf den ganzen lieben Vormittag von der hölzernen Bank nicht aufstehen durfte, und so viel Latein, Prügel und Geographie ausstehen mußte, und dann ebenfalls unmäßig jauchzte und jubelte, wenn die alte Franziskanerglocke endlich zwölf schlug ...

In der »Krone« zu Klausthal hielt ich Mittag. Ich bekam frühlingsgrüne Petersiliensuppe, veilchenblauen Kohl, einen Kalbsbraten, groß wie der Chimborazo in Miniatur, sowie auch eine Art geräucherter Heringe, die Bückinge heißen, nach dem Namen ihres Erfinders, Wilhelm Bücking, der 1447 gestorben, und um jener Erfindung willen von Karl V. so verehrt wurde, daß derselbe anno 1556 von Middelburg nach Bievlied in Seeland reiste, bloß um dort das Grab dieses großen Mannes zu sehen. Wie herrlich schmeckt doch solch ein Gericht, wenn man die historischen Notizen dazu weiß und es selbst verzehrt! Nur der Kaffee nach Tische wurde mir verleidet, indem sich ein junger Mann diskursierend zu mir setzte und so entsetzlich schwadronierte, daß die Milch auf dem Tische sauer wurde. Es war ein junger Handlungsbeflissener mit fünfundzwanzig bunten Westen und ebensoviel goldenen Petschaften, Ringen, Brustnadeln usw. Er sah aus wie ein Affe, der eine rote Jacke angezogen hat und nun zu sich selber sagt: »Kleider machen Leute.« Eine ganze Menge Scharaden wußte er auswendig, sowie auch Anekdoten, die er immer da anbrachte wo sie am wenigsten paßten . . .

Nach Tische machte ich mich auf den Weg, die Gruben, die Silberhütten und die Münze zu besuchen.

In den Silberhütten habe ich, wie oft im Leben, den Silberblick verfehlt. In der Münze traf ich es schon besser und konnte zusehen, wie das Geld gemacht wird. Freilich, weiter hab' ich es auch nie bringen können. Ich hatte bei solcher Gelegenheit immer das Zusehen, und ich glaube, wenn mal die Taler vom Himmel herunter regneten, so bekäme ich davon nur Löcher in den Kopf, während die Kinder Israels die silberne Manna mit lustigem Mute einsammeln würden. Mit einem Gefühle, worin gar komisch Ehrfurcht und Rührung gemischt waren, betrachtete ich die neugebornen blanken Taler, nahm einen, der eben vom Prägestocke kam, in die Hand und sprach zu ihm: junger Taler! welche Schicksale erwarten dich! wieviel Gutes und wieviel Böses wirst du stiften! Wie wirst du das Laster beschützen und die Tugend flicken, wie wirst du geliebt und dann wieder verwünscht werden! wie wirst du schwelgen, kuppeln, lügen und morden helfen! wie wirst du rastlos umherirren, durch reine und schmutzige Hände, jahrhundertelang, bis du endlich, im Schoße Abrahams, der dich einschmelzt und läutert und umbildet zu einem neuen besseren Sein.

Wilhelm von Humboldt

An Friedrich Schiller

Rom, den 10. Dezember 1802

Ich bin seit 14 Tagen in Rom, liebster Freund, und fange an, mich ein wenig zu orientieren. Mehr noch meine Einführung in meinen Posten als unsre erste Einrichtung, die im Grunde noch meist ganz zu machen ist, hat mich zwar bis jetzt sehr zerstreut, aber ich habe immer Stunden gefunden, mich loszureißen und einsame Spaziergänge zu machen. Ich sage einsame, denn das habe ich bisher charakteristisch und auf mich von wohltätiger Wirkung gefunden, daß man unter großen Monumenten einsam umherwandelt, daß man sich ebenso seinen Gedanken, seinen Empfindungen überläßt, als wäre man in der freien Natur. Die tiefen Gefühle der Seele zu wecken und von allem übrigen abzuziehen, ist allen großen Gegenständen eigen; in Rom bewirken es die ungeheuren Monumente der neueren, die rührenden der alten Zeit; in Paris, erinnere ich mich noch sehr gut, tat selbst das Gewühl, das wie das Bild einer bewegten Welt die Einbildungskraft ergriff, dasselbe. Auf diese Weise, und mehr noch mit dem Totaleindruck als dem Einzelnen beschäftigt, habe ich erst die Hauptpunkte an den verschiedenen Enden der Stadt besucht, die Peterskirche, den Lateran, Maria Maggiore und im Mittelpunkt den capitolinischen und palatinischen Hügel und dem Collosseum und den unzähligen andern Überresten. Meine nächste Sorge soll nun die sein, genau das Lokal des alten Rom zu kennen. So unbedeutend das auch scheinen mag, hier wird man einmal durchaus und durch alles dahin getrieben, und einmal über das andre fällt mir ein: »Aber Rom in allem seinem Glanze / Ist ein Grab nur der Vergangenheit!« Wohin man blickt, wird man in das Altertum hinübergezogen, und gern wendet man die Augen vom heutigen

Elend und der heutigen Erbärmlichkeit ab. Denn Elend und ein Unbegreifliches, von dem man jedem, der es nicht selbst zu sehen braucht, das Bild ersparen muß, ist im Volke und Erbärmlichkeit über Erbärmlichkeit in den Reichen und Großen. Glücklicherweise ist es leicht, sich von da zu besseren Zeiten zu flüchten, und selbst mich verbinden meine Geschäfte nur wenig, in Gesellschaft zu gehen, die freilich auch hier nichts weniger als interessant ist... Die Häuser sind viel fester gebaut, als ich vom Süden erwartete; es gibt häufig Kamine, hie und da kleine eiserne Öfen und dann noch Behältnisse, die man über die bloßen Feuerbecken stellt und die ihr sonst unvermeidliches Dampfen verhindern. Aber dagegen sind die Quartiere, die man findet, übel verteilt und durch Mangel an Licht und altmodisches Ameublement ebensowenig freundlich als durch die Größe der Zimmer heimlich. Überhaupt hätte man Unrecht, Rom eine schöne Stadt zu nennen, sie hat kaum einzelne schöne Teile, nur schöne und große Stücke. Die Straßen sind meist eng, es sieht fast überall schmutzig aus, und die große Volksleere wird dem Fremden selbst in den am meisten begangenen Straßen fühlbar. Ohne sonderlichen prophetischen Geist läßt sich in der Tat sagen, daß Rom sich seinem politischen Untergange naht. Die päpstliche Regierung, deren Glanz und Größe immer mehr auf der Meinung anderer und eignem Stolze beruhte, hat jetzt, da diese beiden Stützen wanken, ganz ihren Charakter verloren. Wenn man es sich hier auch nicht immer geradezu gesteht, so fühlt man doch, daß es nur eine erbettelte Existenz ist, die ihr noch verstattet wird. Weder der Papst, ein gutmütiger verständiger Mann übrigens, noch die Kardinäle haben mehr das wahre Vertrauen zu sich und dem Glauben andrer; und da der Glanz nun gewichen ist, so sieht man die ungeheuren und Schauder erregenden Blößen. Soviel die Regierung erpressen und zusammenscharren kann, tut sie es; wohin sie es wieder wendet ist zweifelhafter, wenigstens genießt schwerlich das Land und das Volk diese Summen, die es mit den größten Aufopferungen erschwingt. Seit einigen Jahren sind nun unglückliche Ernten dazugekommen, und so ist jetzt Teurung und Elend aufs höchste gestiegen. Es kommt wirklich einer

Hungersnot äußerst nah, und man fürchtet sogar, daß die ekelhaften Nahrungsmittel, zu denen die ärmste Volksmasse ihre Zuflucht zu nehmen genötigt ist, im Frühjahr und Sommer eine Epidemie hervorbringen können . . .

Sobald nur meine ersten häuslichen Einrichtungen gemacht sind, werde ich sagen können, in Ruhe zu sein. Dann, wie ich schon jetzt sehe, gibt es wenigstens fürs erste der Geschäfte nicht so viele, daß sie mich von eignen Studien abhalten sollten. Ich denke dann wieder ernstlich an diese zu gehen, und hoffe, Sie sollen bald mehr davon hören. Wie ich Ihnen im Anfange dieses Briefes schrieb, so glaube ich, ist Rom sehr gut, alles zu treiben, selbst wozu Abgezogenheit und eigne Stimmung gehört, und Schellings Projekt, die Metaphysik zur Veränderung einmal hier zu treiben, kommt mir so übel nicht vor. In den Hallen der Peterskirche muß es sich schon sehr schön meditieren lassen. Den Anblick dieses Gebäudes wünschte ich Ihnen doch. Den meisten jetzigen Fremden scheint sie zu mißfallen, sie kommt ihnen nicht einmal so groß vor, als sie ist, und wahr ist, daß sie nicht ungeheuer erscheint, weil alles in so wundervollem Ebenmaße ist. Aber die recht eigentliche, reelle Größe, deren Eindruck doch viel bleibender als der des Ungeheuern ist, die lernt man erst an Rom. Erinnern Sie z. B. Goethe einmal an den Platz vor dem Lateran. Wie man da über eine prächtige Wasserleitung hin auf die Gebirge von Tivoli und Frascati sieht, darüber geht nichts; und dann, daß man diese Plätze so still und einsam, als wanderte man in einer zerstörten Stadt, genießen kann, das gibt, mit dem Anblick der alten Ruinen verbunden, ein so wunderbares Gefühl, als sähe man auch schon jene neueren Gebäude in Trümmer sinken.

Johann Gottfried Seume

Spaziergang nach Syrakus

Dresden, den 9. Dezember 1802

Ich schnallte in Grimma meinen Tornister, und wir gingen. Eine Karawane guter, gemütlicher Leutchen gab uns das Geleit bis über die Berge des Muldetals, und Freund Großmann sprach mit Freund Schnorr sehr viel aus dem Heiligtume ihrer Göttin, wovon ich Profaner sehr wenig verstand. Unbemerkt suchte ich einige Minuten für mich, setzte mich oben Sankt-Georgens großem Lindwurm gegenüber und betete mein Reisegebet: daß der Himmel mir geben möchte billige, freundliche Wirte und höfliche Torschreiber von Leipzig bis nach Syrakus, und zurück auf dem andern Wege wieder in mein Land; daß er mich behüten möchte vor den Händen der monarchischen und demagogischen Völkerbeglücker, die mit gleicher Despotie uns schlichten Menschen ihr System in die Nase heften wie der Samojede seinen Tieren den Ring.

Nun sah ich zurück auf die schöne Gegend, die schon Melanchthon so lieblich fand, daß er dort zu leben wünschte, und überlief in Gedanken schnell alle glücklichen Tage, die ich in derselben genossen hatte; Mühe und Verdruß sind leicht vergessen. Dort stand Hohenstädt mit seinen schönen Gruppen, und am Abhange zeigte sich Göschens herrliche Siedelei, wo wir so oft gruben und pflanzten und jäteten und plauderten und ernteten und Kartoffeln aßen und Pfirsiche; an den Bergen lagen die freundlichen Dörfer umher, und der Fluß wand sich gekrümmt durch die Bergschluchten hinab, in denen kein Pfad und kein Eichbaum mir unbekannt waren.

Die Sonne blickte warm wie im Frühling; und wir nahmen dankbar und mit der heiteren Hoffnung der Rückkehr von unsern Begleitern Abschied. Noch einmal sah ich links nach der neuen Mühle auf die größte Höhe hin, die uns im Gartenhause zu Hohenstädt so oft zur Grenze unsrer Aussicht über die Täler gedient hatte, und wir wandelten ruhig die Straße nach Hubertusburg hinab. In Altmögeln empfing man uns mit patriarchalischer Herzlichkeit, bewirtete uns mit der Freundschaft der Jugend und schickte uns den folgenden Morgen mit einer schönen Melodie von Goethes Lied »Kennst du das Land?« unter den wärmsten Wünschen weiter nach Meißen, wo wir ebenso traulich willkommen waren. Wenn wir uns doch die freundlichen Bekannten an die südliche Küste von Sizilien bestellen könnten! Die Elbe rollte majestätisch zwischen den Bergen von Dresden hinab. Die Höhen glänzten, als ob eben die Knospen wieder hervorbrechen wollten und der Rauch stieg von dem Flusse an den alten Scharfenberg romantisch hinauf. Das Wetter war den 8. Dezember so schwül, daß es unserm Gefühl sehr wohltätig war, als wir aus der Sonne in den Schatten des Waldes kamen.

Man hatte uns bange gemacht, wir würden Schwierigkeiten wegen österreichischer Pässe haben; aber ich muß die Humanität der Gesellschaft rühmen. Herr Von Büel, als Sekretär, nahm uns sehr gütig auf und fertigte, da er unsre Wünsche, bald abzureisen, vernahm, mit großer Freundlichkeit sogleich selbst aus, und in einigen Stunden erhielten wir die Papiere, vom Grafen Metternich unterschrieben, durch alle kaiserlichen Länder.

Du kennst meine Saumseligkeit und Sorglosigkeit in gelehrten Dingen und Sachen der Kunst. Was soll ich Laie im Heiligtum? Die Galerie sah ich nicht, weil ich dazu noch einmal hätte Schuhe anziehen müssen; den Antikensaal sah ich nicht, weil ich »den Inspektor das erstemal nicht traf« und das übrige nicht, weil ich zu indolent war. Du verlierst nichts; ein andrer wird Dir alles besser erzählen und beschreiben.

Heute früh wurde ich durch den Donner der Kanonen geweckt und erfuhr beim Aufstehen, daß dem Hause ein Prinz geboren war. Vielleicht macht der Herr in seinem Leben nicht wieder so viel Lärm als bei seiner Ankunft auf unserm Planeten. Die Fürsten dieses Hauses sind zum Glück ihrer Länder, seit mehr als einem Jahrhundert meistens Kinder des Friedens. Dadurch werden die Verdienste gewiß erhöht, und ihr Mut wird doch nicht mehr problematisch, als ob sie Schlachten gewännen.

Budin

Du weißt, daß Schreibseligkeit eben nicht meine Erbsünde ist, und wirst mir auch Deiner selbst wegen sehr gern verzeihen, wenn ich Dir eher zuwenig als zuviel erzähle. Wenn ich recht viel hätte schreiben wollen, hätte ich ebensogut zu Hause in meinem Polstersessel bleiben können. Nimm also mit Fragmenten vorlieb, aus denen am Ende doch unser ganzes Leben besteht. In Dresden mißfiel mir noch zuletzt gar sehr, daß man zur Bequemlichkeit der Ankömmlinge und Fremden noch nicht die Straßen und Gassen an den Ecken bezeichnet hat; ein Polizeiartikel, an den man schon vor zehn Jahren in kleinen Provinzialstädten, sogar in Polen, gedacht hat und der die Topographie außerordentlich erleichtert; und Topographie erleichtert wieder die Geschäfte.

Den letzten Nachmittag sah ich dort noch die Mengssche Sammlung der Gipsabgüsse. Hier interessierten mich eine Menge Köpfe am meisten; die ich größtenteils für römische hielt.

Den letzten Abend sah ich noch eine Oper; die mit ziemlich vieler Pracht gegeben wurde. Mein Gedächtnis ist wie ein Sieb, aber mich deucht, es war »Die Gräfin von Amalfi«. Die Musik ist, wenn ich nicht irre, sehr eklektisch. Es war bei der Vorstellung kein einziger schlechter Sänger und Akteur; aber nach meiner Meinung auch kein einziger vortrefflicher, so sehr man auch in Dresden dies behauptete. Die Schuld mag wohl mein gewesen sein, da ich mich fast in jedem Fache eines bessern Subjekts unwillkürlich erinnerte.

In Pirna sahen wir ein Stündchen Herrn Siegfried, den Du als den Verfasser von »Siama und Galmory« kennst und der uns mit einigen Bekannten an die Grenze brachte. Nun ging es in die Höhe; und so mild es unten am Flusse gewesen war, so rauh war es oben, und in einigen Stunden hatten wir schon Schnee. Dieser vermehrte sich bis einige Stunden Peterswalde, nahm sodann allmählich wieder ab und hörte bei Aussig wieder ganz auf.

Man hatte mir gar sonderbare Begriffe von den auffallenden Erscheinungen der böhmischen Katholizität gemacht. Ich habe nichts bemerkt. Im Gegenteil muß ich sagen, es gefiel mir alles außerordentlich wohl. Unser Wirtshaus in Peterswalde war so gut, als man mit gehöriger Genüglichkeit es sich nur immer wünschen kann. Der Zollbeamte, der den Paß bescheinigte, war freundlich. Die Mahlzeit war nicht übel und die Aufwärterin gar allerliebst niedlich und artig. Lache nur über diese Bemerkung von mir Griesgram! Man müßte eine sehr verstimmte, unästhetische Seele haben, wenn man nicht lieber ein junges, hübsches, freundliches Gesicht sähe als ein altes, häßliches, murrsinniges. Das Mädchen setzte in unserm Zimmer ihr Silbermützchen vor dem Spiegel, der zwischen zwei Marienbildern hing, so reizend unbefangen in Ordnung, als ob sie sich in Ehren eine kleine Unordnung recht gern wollte vergeben lassen. Der Ketzer Schnorr sah dem rechtgläubigen Geschöpf so enthusiastisch in die Augen, als ob er sich eben zu ihr bekehren oder sie wenigstens zum Modell nehmen wollte. Überdies ist der böhmischdeutsche Dialekt bis Lobositz ziemlich angenehm und gurgelt die Worte nicht halb so dick und widrig hervor wie der gebirgische in Sachsen.

Der Weg von Peterswalde nach Aussig ist rauh, aber schön; von Aussig, wo man wieder an die Elbe kommt, romantisch wild, links und rechts an dem Flusse hohe Berge mit Schluchten, Felsenwänden und Spitzen. Hier tönte mir die Klage über die Undisziplin unsrer sächsischen Landsleute ins Ohr, die in dem Bayerischen Erbfolgekriege zur Feuerung hier alle Weinpfähle verbrannten. Sie durften nur einige hundert Schritte höher steigen, so hatten sie ganze Wälder. Bei Lobositz endigen allmählich die Berge, und von da bis Eger hinauf und Leitmeritz hinab ist schönes, herrliches, fruchtbares Land, das zwei Stunden hinter Budin nun ganz Ebene wird.

Prag

Von Budin bis hierher stehen im Kalender sieben Meilen; und diese tornisterten wir von halbacht Uhr früh bis halb sechs Uhr abends sehr bequem ab, und saßen doch noch über eine Stunde zu Mittag in einem Wirtshause, wo wir bei einem Eierkuchen

Prag 1802
Karlsbrücke

durchaus mitfasten und dafür 50 Kreuzer bezahlen mußten; welches ich für einen Eierkuchen in Böhmen eine stattliche Handvoll Geld finde. Da war es in Peterswalde verhältnismäßig billiger und besser.

Der Wirt zur Goldenen Rose in Budin hatte ein gutes Haus von außen und ein schlechtes von innen. Eine Suppe von Kaldaunen, altes dürres Rindfleisch, und ein sehr zäher, lederner Braten von einer Gans, die noch eine Retterin des Kapitols gewesen sein mochte; noch schlechter waren die Betten; aber am schlechtesten war der Preis. Die schlechten Sachen waren ungeheuer teuer, wovon ich schon vorher unterrichtet war. Aber »Muß ist ein Brettnagel«, heißt das Sprichwort. Dieser Wirt ist der einzige in Budin, und mich deucht, schon Küttner hat gehörig sein Lob gesungen. Übrigens lasse ich die Qualität der Wirtshäuser mich wenig anfechten. Das beste ist mir nicht zu gut, und mit dem schlechten weiß ich noch fertig zu werden. Ich denke, es ist noch lange nicht so schlimm als auf einem englischen Transportschiffe, wo man uns wie schwedische Heringe einpökelte; oder im Zelte, oder auf der Brandwache, wo ich einen Stein zum Kopfkissen nahm, sanft schlief und das Donnerwetter ruhig über mir wegziehen ließ.

In der Budiner Wirtsstube war ein Quodlibet (Durcheinander) von Menschen, die einander ihre Schicksale erzählten und hier und da, zur Verschönerung wahrscheinlich, etwas dazu logen. Einige österreichische Soldaten, Stalleute und ehemalige Stückknechte, die alle in der französischen Gefangenschaft gewesen waren, und einige Sachsen von dem Kontingent machten eine erbauliche Gruppe und unterhielten die Nachbarn lange und breit von ihren ausgestandenen Leiden. Besonders machte einer der Soldaten eine so greuliche Beschreibung von den Läusen im Felde und in der Gefangenschaft, daß wir andern fast die Phthiriase (Läusekrankheit) darum hätten bekommen mögen. Mir war es nunmehr nur eine drollige Reminiszenz meiner ersten Seefahrt nach Amerika, wo die Engländer uns gar erbärmlich säuberlich hielten, und wo wir, vom Kapitän bis zum Trommelschläger, der Tierchen auch eine solche Menge bekamen, daß sie das Tauwerk zu zerfressen drohten.

In Prag registrierte uns eine Art von Torschreiber gehörig ein, gab uns Quartierzettel und schickte unsere Pässe zur Vidierung (Beglaubigung) auf das Polizeidirektorium. Die Herren der Polizei waren, gegen alle Gewohnheit der Klasse in andern Ländern, die Höflichkeit selbst; den andern Morgen war in zehn Minuten alles abgetan, und wir hatten unsern Bescheid bis Wien. Unsere Bekannten wunderten sich sehr über unser Glück, da man noch kurz vorher Fremden mit Gesandtschaftspässen viele Schwierigkeiten gemacht hatte.
Das Theater hier ist polizeimäßig richtig und nicht ohne Geschmack gebaut. Das Stück, das man gab, war schlecht, die Gesellschaft arbeitete nicht gut, und das Ballett ging nicht viel besser als das Stück.
Die Bibliothek war geschlossen, weil sie in Feuersgefahr gewesen war und man den Schaden ausbaut, und das wird länger dauern, als ich zu warten gesonnen bin. Der Bibliothekar, Rat Unger, der um Literatur und Aufklärung viel Verdienste und gegen Fremde große Gefälligkeit hat, würde indessen unstreitig die Güte gehabt haben, uns die gelehrten Schätze zu zeigen, wenn wir ihn zu Hause getroffen hätten. Es ist bekannt, wie sehr sie im Dreißigjährigen Kriege von den Schweden geplündert wurde, die durch Einverständnis mit ihrer Partei sogar die unterirdischen Gewölbe ausfindig zu machen wußten, um die versteckten Reichtümer hervorzuziehen. Durch die Aufhebung der Klöster unter Joseph II. hat die Bibliothek zwar wieder außerordentlich gewonnen, aber die aufgehäuften Bücher und Schriften sind eben dadurch für die Literatur größerer Gefahr ausgesetzt, weil sie an einem einzigen Orte beisammenliegen ...
Auf dem Hradschin war das Wetter unfreundlich und finster, und ich blickte nur durch Schneegestöber nach der Gegend hinaus, wo Friedrich schlug und Schwerin fiel. Die Kathedrale hat für die Liebhaber der Geschichte manches Merkwürdige. Die Begräbnisse der alten Herzöge von Böhmen gewähren, wenn man Muße hat, eine eigne Art von Genuß, und das silberne Monument eines Erzbischofs ist vielleicht auch für den Künstler nicht ohne Interesse. Während Schnorr es betrachtete, stand ich

vor den Gräbern der Kaiser Wenzel und Karl IV. und fand, daß die Zeiten der Goldenen Bulle doch wohl nur für wenige Fürsten golden und für die übrige Menschheit sehr bleiern waren. Schlicks, des Ministers, Grabmal, gleich hinter dem Steine des Kaisers, ist ein verdorbener gotischer Bombast ohne Geschmack und Würde. Eine Pyramide in der Kirche kommt mir vor, als ob man den Blocksberg in eine Nachtmütze stecken wollte.

... Ich freute mich, als ich hinter Lobositz in Böhmen auf die Ebenen kam, und hoffte nun einen beträchtlichen Grad von Wohlstand und Kultur zu finden, da der Boden rundumher außerordentlich fruchtbar zu sein schien. Aber meine Erwartung wurde traurig getäuscht.

Die Dörfer lagen dünn und waren arm; noch mehr als in dem Gebirge. Man drosch in den Herrenhöfen auf vielen Tennen, und die Bauernhäuser waren leer und verfallen; die Einwohner schlichen so niedergedrückt herum, als ob sie noch an dem härtesten Joche der Sklaverei zögen. Mich deucht, sie sind durch Josephs wohltätige Absichten wenig gebessert worden, und höchstwahrscheinlich sind sie hier noch schwerer durch die Fronen gedrückt als irgendwo. Wo die Sklaverei systematisch ist, machen die Städte oft den Anhang des großen und kleinen Adels und teilen den Raub. Das schien hier der Fall. Alles war in Furcht, als sich die Franzosen nahten; nur die Bauern jubelten laut und sagten, sie würden sie mit Freuden erwarten und sodann schon ihre Unterdrücker bezahlen. Ob der Landmann in Rücksicht der Franzosen recht hatte, ist eine andere Frage; aber in seiner Freude bei der furchtbaren Krise des Vaterlandes lag ein großer Sinn, der wohl beherzigt zu werden verdiente, und der auch vielleicht den Frieden mehr beschleunigt hat als die verlorenen Schlachten.

Unsre guten Freunde jagen uns hier Angst ein, daß rundherum in der Gegend Räuber und Mörder streifen. Das können unsre guten Freunde nun wohl bleiben lassen; denn fort müssen wir. In Leitmeritz sollen über hundert sitzen und in Prag nicht viel weniger. Die Auflösung der militärischen Korps ist immer von solchen Übeln begleitet. Ich gehe getrost vorwärts und verlasse mich etwas auf einen guten, schwerbezwingten Knotenstock, mit dem ich tüchtig schlagen kann und noch einige Zoll in die Rippen nachstoßen kann. Freund Schnorr wird auch das Seinige tun; und so müssen es schon drei gutbewaffnete, entschlossene Kerle sein, die uns anfallen wollen. Wir sehen nicht aus, als wenn wir viel bei uns trügen, und auch wohl nicht, als ob wir das wenige, das wir tragen, so leicht hergeben würden . . .

Venedig

Die Leute meinten hier wieder, ich sei nicht gescheit, als sie hörten, ich wolle zu Fuß von Triest über die Berge nach Venedig gehen, und sagten, da würde ich nun wohl ein bißchen totgeschlagen werden; aber ich ließ mich nicht irre machen und wandelte wieder den Berg hinauf, zwar nicht den nämlichen großen Fahrweg, kam aber doch, nach ungefähr zwei Stunden Herumkreuzen am Ufer und durch die Weinberge, wieder auf die Heerstraße. Ich besuchte die Höhlen von Corneale nicht, weil die ganze Gegend verdammt verdächtig aussah und ich mich in der Wildnis doch nicht so ganz allein und wildfremd den Leuten in die Hände geben wollte. Die Berge, welche von Natur öde und einsam sind, waren deswegen so unsicher, weil sie, wie die genuesischen, der Zufluchtsort alles Gesindels der benachbarten Staaten waren. Da ganz Venedig aber jetzt in österreichischen Händen ist, wird nun der wachsamen Polizei leichter, Ordnung und Sicherheit zu erhalten. Man spürt in dieser Rücksicht schon den Vorteil der Veränderungen. An dem Zwickel der Berge kommt hier ein schöner Fluß aus der Erde hervor, der vermutlich auch Höhlen bildet. Hier sind nach aller Lokalität gewiß Virgils Felsen des Timavus, und ich sah stolz umher, daß ich nun ausgemacht den klassischen Boden betrat. Der Einschnitt zwischen den Bergen oder das Tal zwischen Santa-Croce und Montefalcone macht noch jetzt der Beschreibung der Alten Ehre. Unten rechts am Meere stand vermutlich der Heroentempel im Haine, und links etwas weiter herauf am Ausflusse des Timavus war der Hafen. Ich schlug mich hier rechts von der geraden Straße nach Venedig ab über die Berge hinüber nach Görz, welches sechs ziemlich starke Meilen von Triest liegt. Wenn man einmal über die Berge hinüber ist, welche freilich etwas kahl sind, hat man die schönsten Weintäler. Der Wein wird hier schon nach italienischer Weise behandelt, hängt an Ulmen oder Weiden und macht, wo die Gegend etwas nachhilft, schöne Gruppierungen.

Von Görz nach Gradisca sind die Berge links ziemlich sanft, und man hat die großen Höhen in beträchtlicher Entfernung rechts; und wenn man über Gradisca nach Palmanova hinauskommt, ist man ganz in der schönen Fläche des ehemaligen venezianischen Friaul, hat links fast lauter Ebene bis zur See und nur rechts die ziemlich hohen Friauler Alpen. Von Görz nach Udine stehen im Kalender fünf Meilen; aber österreichische Offiziere versicherten mir, es seien gute sieben Meilen, und ich fand Ursache, der Versicherung zu glauben. Palmanova war eine venezianische Grenzfestung, und nun hausen die Kaiserlichen hier. Sie exerzierten eben auf dem großen Platze vor dem Tor. Der Ort ist militärisch nicht ganz zu verachten, wenn er gut verteidigt wird. Man kann nach allen Seiten vortrefflich rasieren, und er kann von keiner nahen Anhöhe bestrichen werden.

In Udine feierte ich den 29. Januar meinen Geburtstag, und höre, wie! Ich hatte mir natürlich den Tag vorher schon vorgenommen, ihn recht stattlich zu begehen, und also vor allen Dingen hier Ruhetag zu halten. Der Name Udine klang mir so schön, war mir aus der Künstlergeschichte bekannt, und war überdies der Geburtsort unserer braven Grassi in Dresden und Wien. Die große, feierlich tönende Abendglocke verkündigte mir in der dunklen Ferne – denn es war schon Nacht, als ich ankam – eine ansehnliche Stadt. Vor Campo Formio war ich im Dunkeln vorbeigegangen. Am Tor zu Udine stand die österreichische Wache, die mich examinierte. Ich bat um einen Grenadier, der mich in ein gutes Wirtshaus bringen sollte. Gewährt. Aber ein gutes Wirtshaus war nicht zu finden. Überall, wo ich hineintrat, saßen, standen und lagen eine Menge gemeiner Kerle bacchantisch vor ungeheuer großen Weinfässern, als ob sie mit Bürger bei Ja und Nein vor dem Zapfen sterben wollten. Es kam mir vor, als ob Bürger hier seine Übersetzung gemacht haben müsse; denn der lateinische Text des alten englischen Bischofs hat dieses Bild nicht. Im ersten und zweiten dieser Häuser hatte ich nicht Lust zu bleiben; im dritten wollte man mich nicht behalten! Ruhig! dachte ich; du gehst auf die Wache, morgen wird sich's schon finden. Der Sergeant gestand mir gern Quartier zu, da ich der Wache für ihre Höflichkeit ein gutes Trinkgeld geben wollte. Nun holte man Brot und Wein für mich. Kaum war dieses da, so kam eine fremde Patrouille einige Meilen weit her, welche ihr Quartier auch in der Wachstube nahm. Nun sagte der Sergeant ganz höflich, es sei kein Platz mehr da. Das sah ich auch selbst ein. Er machte auch Dienstschwierigkeiten, die ich als alter Kriegsknecht sehr bald begriff. Ich überließ Brot und Wein dem Überbringer und verlangte, man solle mich auf die Hauptwache bringen lassen. Das geschah. Dort fand ich mehrere Offiziere. Ich erzählte dem Wachthabenden meinen Fall und schloß mit der Meinung, daß ich doch Quartier haben müsse, und sollte es auch auf der Hauptwache sein. Die Herren lärmten, fluchten und lachten und sagten, es gehe ihnen ebenso; die Welschen schlügen die Deutschen tot nach Noten, wo sie könnten. Man schickte mich zum Platzmajor. Gut! Dieser forderte meinen Paß, fand ihn richtig, revidierte ihn, befahl, ich sollte mich den folgenden Morgen bei der Polizei melden, die ihn auch unterschreiben müsse, und machte einige Knasterbemerkungen über die Notwendigkeit der guten Ordnung, an der ich gar nicht zweifelte. »Das ist alles recht gut«, sagte ich, »aber ich kann kein Quartier finden.« – »Ach das wird nicht fehlen«, meinte er. – »Aber es fehlt«, meinte ich. Der alte Herr setzte sein Glas bedächtig nieder, sah seine Donna an, rieb sich die Augenbrauen und schickte den Gefreiten mit mir und meinem Tornister alla nave (zum Gasthof »Das Schiff«). Der Gefreite wies mich ins »Schiff« und ging. Als ich eintrat, sagte man mir, es sei durchaus kein Zimmer mehr leer, es sei alles besetzt. Ich tat groß und bot viel Geld; aber es half nichts. »Sie sollten es für den vierten Teil haben«, antwortete mir eine alte ziemlich gedeihliche Frau; »aber es ist kein Platz«. »Ich kann nicht fort, es ist spät; ich bin müde, und es ist draußen kalt. Ich gehe nicht«, sagte ich, »wenn man mir nicht einen Menschen mitgibt, der mich wieder auf die Hauptwache bringt.« Den gab man. Nun war ich wieder auf der Hauptwache und erzählte und forderte Quartier. Man lärmte und fluchte und lachte von neuem. Ich versicherte nun bestimmt, ich würde hier bleiben. Wort gab Wort. Einer der Herren sagte lachend: »Warten Sie, vielleicht bin ich noch so glücklich, Ihnen Quartier zu verschaffen. Es ist eine verfluchte Geschichte; es geht uns oft auch so, wenn wir nicht mit Heereszug kommen; aber ich habe hier einige Bekanntschaft.« Der Offizier ging einige hundert Schritte weit davon mit mir in ein Haus, hielt Vortrag, und ich erhielt sehr höflich Quartier. Zimmer und Bett waren herrlich. Nun wollte ich essen; da war nichts zu haben. »Ma Signore«, sagte die Wirtin, »questa casa non é lacanda; non si mangia qui.« (Aber mein Herr, dies ist kein Wirtshaus; hier gibt es nichts zu essen.) Ich hatte sieben Meilen im Januar gemacht und war auf dem Pflaster noch eine Stunde herumtrottiert; ich konnte mich also nicht entschließen, spät in der Finsternis noch einmal auszugehen. Der Offizier war fort. Ich sah grämlich aus, und man wünschte mir ohne Abendessen freundlich »Felicissima notte!« (Eine recht glückliche Nacht!) Ich ging ärgerlich zu Bett und schlief herrlich. Den andern Morgen, an meinem Geburstage, sollte ich auf die Polizei gehen. Der Sitz derselben war in vierzehn Tagen wohl viermal verändert worden; man wies mich hierhin und dorthin, und ich fand sie nirgends.

Der Henker hol' euch mit der Polizei!
Es ist doch alles lauter Hudelei.

So dachte ich in meinem Ärger, kaufte mir eine Semmel und einige Äpfel in die Tasche, ging nach Hause, bezahlte den sehr billigen Preis für mein Quartier, steckte meinen Paß ohne die Polizei wieder in die Brieftasche und reiste zum Tore hinaus. Das war mein Geburtstag zum Morgen. Den Abend aber — denn zu Mittag konnte ich kein schickliches Haus finden und fastete — erholte ich mich ziemlich wieder zu Codroipo. Eine niedliche Piemonteserin, deren Mann ein Deutscher und Feldwebel bei einem kaiserlichen Regiment war, kam zu Fuß mit ihrem kleinen Jungen von ungefähr zwei Jahren von Livorno und ging nach Graz. Du weißt, ich liebe schöne reinliche Kinder in diesem Alter ungewöhnlich; und der Knabe fing soeben an, etwas von der Sprache seines Vaters und etwas von der Sprache seiner Mutter zu stammeln, und hatte sein großes Wesen mit und auf meinem Tornister. Der Wirt brachte uns Polenta, Eierkuchen und zweierlei Fische aus dem Tagliamento, gesotten und gebraten. Du siehst, dabei war kein Fleisch; das war also an meinem Geburtstage gefastet, und nach den besten Regeln der Kirche.

Asmus Jacob Carstens

An Friedrich Anton Freiherr von Heinitz

Rom, den 9. Februar 1795

Gnädiger Herr! Die Schönheit in den Werken Raffaels und Michelangelos kann so wenig mit Worten beschrieben werden, als Kupferstiche und Zeichnungen einen Begriff davon geben. Mit Dingen, die bloß für den Sinn des Gesichtes sind, wo man nur durch das Anschauen der Sache selbst sich belehren kann, ist dieses fast immer der Fall. Wie ganz anders habe ich es hier gefunden, als ich mir aus den Nachrichten des Herrn Rehberg einen Begriff gemacht habe. Kein einziges Gemälde ist mir zu Gesicht gekommen, worin nur eine Spur zu sehen, daß sein Verfasser die unsterblichen Werke der beiden obengenannten Männer gesehen hätte. Ich habe die Kunstausstellung auf der hiesigen französischen Akademie gesehen, aber gedankenlosere Malereien sind mir noch nicht vorgekommen. Es scheint diesen Künstlern nie eingefallen zu sein, daß die Kunst eine Sprache der Empfindung ist, die da anhebt, wo der Ausdruck mit Worten aufhört; daß sie es mit der anschaulichen Darstellung von Begriffen zu tun hat; daß sie eine Unterhaltung für Vernünftige und nicht für Toren ist. Alles Mechanische der Kunst verstehen diese Männer sehr gut, und es scheinet, als stünden sie in der Meinung, daß die Kunst darinnen bestehe. Alle Nebensachen sind oft sehr schön, die Hauptsache aber schlecht. Ein hingeworfener Helm, Pantoffel, ein Fetzen Gewand, das über einen Stuhl hängt, ist oft so schön, ja zum Angreifen natürlich, daß man wünschen sollte, der Künstler möchte nie etwas anders machen. Die alten wahrhaftig großen Maler wandten allen Fleiß auf die Hauptsache und behandelten die Nebensachen so, daß sie erstern nicht schadeten. Bei den itzigen ist es umgekehrt. Die Franzosen, die fast alle in den gegenwärtigen Umständen

Rom haben verlassen müssen, waren doch noch bei weitem die besten. Mit denen deutschen Malern sieht es hier sehr elend aus. Sie stehen in allen Stücken weit unter jenen. Mit der Bildhauerei steht es so so, sie ist nie so hoch gestiegen wie die Malerei seit der Wiederherstellung der Kunst und nie so tief gesunken. Herr Schadow ist ein besserer Bildhauer als Canova und dieser ist hier der beste. In der Baukunst habe ich nichts gesehen, was mit dem hängenden Turm, dem Dom und dem Baptisterium in Pisa zu vergleichen wäre, außer etliche von den alten Ruinen in und um Rom. Ich bin seit Oktober-Monat vergangenen Jahres hier, und es ist mir, als wären es nur fünf Tage. Vom Morgen bis am Abend beschäftiget mich meine Kunst, wenn ich nicht in Gesellschaft Kunstwerke besehe, welches alsdann nicht so kostbar ist, und das Leben itziger Zeit noch außer den Kunstbedürfnissen teuer ist. Dieses und daß ich des Abends bei Licht meine noch nicht ganz wiederhergestellten Augen nicht angreifen darf, ist die Ursache, warum Ihro Exzellenz noch keinen Brief von mir erhalten. Ohnehin gehöret ein ganzes Jahr dazu, Rom zu übersehen. Ich bin itzo wieder krank gewesen, und da ich noch nicht wieder arbeiten kann, schreibe ich Briefe. Man sagt mir, daß ich mich durch zu viel Arbeiten ruiniere; aber ich muß meine Zeit nützen, so viel ich nur kann, sollte es auch auf Unkonsten meiner Gesundheit geschehen.

Ich habe einen Karton von meinen Argonauten gemacht, von ungefähr halber Lebensgröße Figuren, worin ich von meiner ersten Idee gänzlich abgewichen bin. Meine Arbeiten machen Aufsehen. Man gafft und staunt und weiß nicht, wie ich den großen Stil aus Deutschland mit nach Rom bringe, ja, wie ich dazu gekommen. Ebenso sehr wie ich mich verwundere, wie alle hiesige Künstler auch keine Spur davon in ihren Arbeiten haben. Es ist eine wahre Belohnung für meinen Fleiß, wenn mir zu Ohren kommt, daß man meine Arbeiten nur mit Julius Romanus, Polidor oder Michelangelo vergleicht. Es ist ein Zeichen, daß ich auf dem Wege bin, den die großen Männer geebnet haben. Vielleicht habe ich schon viel zu meinem Lobe gesagt. Aber, kann Selbstlob mich zu einem bessern Künstler machen als ich bin? Die Zukunft, diese strenge unbestechliche Rich-

terin, wird meine Verdienste und Fehler genau gegeneinander abwägen, und dieses furchtbare Gericht habe ich stets vor Augen.
Meine Reise hierher, ist nicht über Venedig gegangen. Man hat es mir schon in Dresden widerraten, mitten im Sommer dorthin zu gehen, indem der Ort sehr ungesund sei. In Dresden bin ich acht Tage gewesen. Die Galerie ist eine der vorzüglichsten in Europa. Solche Arbeiten von Correggio, wie dort sind, findet man nirgends. Von dort setzte ich meine Reise nach Nürnberg fort. Eine Grablegung von Albrecht Dürer, in der Sebalduskirche, ist von solcher Schönheit, daß man sie mit den besten Werken Raffaels vergleichen kann. Albrecht Dürer wird hier in Italien außerordentlich geschätzt. Man erzählt, daß Raffael einst bei Betrachtung eines Gemäldes von Dürer gesagt haben soll: wehe uns! wenn dieser Maler nach Rom kommen sollte, und er hatte nicht unrecht. Diese Grablegung und ein Monument des heiligen Sebaldus, aus vielen Figuren von Bronze, von Peter Vischer, sind das Merkwürdigste von Kunstsachen in Nürnberg. In Augsburg habe ich nichts Bemerkenswertes gefunden. Von dort bin ich auf Lindau, welches eine sehr schöne Lage hat, und auf den Bodensee den Rhein hinab bis nach Schaffhausen gefahren, wo ich wie alle Reisenden den Rheinfall von oben und unten begafft und, wie ers wirklich verdient, bestaunt habe. Die Schweiz muß man nur der großen und schönen Natur wegen bewundern. An Kunstsachen ist außer den Werken des Holbeins in Basel nichts Erhebliches zu sehen. Diese sind sehr schön. Er ist den großen Malern Italiens sehr nahe gekommen. Dann bin ich den St. Gotthard passiert, und im Lago Maggiore habe ich die borromäischen Inseln besehen, welches der Mühe nicht wert ist. Auf der Isola Bella ist alles im höchsten Grade geschmacklos. Es ist ein ziemlich hoher Fels. Man hat die Aussicht längst dem See, der mit lauter hohen Gebirgen ringsum eingeschlossen ist. Von da bin ich mit meinen beiden Reisegefährten querüber gefahren und habe den Lago di Lugano, der von einem schmalen Strich Landes vom Lago Maggiore getrennt wird, besehen. Dieser See ist viel schöner und Lugano eine schöne Stadt. Von dort sind wir den Lago di

Como hinunter nach Como gefahren, sind in der Villa des jüngeren Plinius gewesen, welche noch bis auf unsere Zeit, größtenteils wie sie von Plinius erbauet, gekommen ist. Man findet noch Inschriften von ihrem ersten Bewohner, welche aber die Zeit unleserlich gemacht hat. Como ist volkreich und hat eine vortreffliche Lage. Wir setzten unsre Reise mit Vetturino von da nach Mailand fort. Diese Stadt ist groß, blühend im Handel, überall Wohlstand und alles auf einem großen prächtigen Fluß. Das Sehenswürdigste, in Absicht der Baukunst, ist das Hospital von gotischer außerordentlicher schöner Baukunst. Alles an diesem großen weitläufigen Gebäude ist mit großer Weisheit gemacht. Ich habe mich nicht satt dran sehen können. Den Namen des Baumeisters, der wahrlich ein großer Mann war, habe ich nicht erfahren können. Wie ist doch in neuerer Zeit diese Kunst bis zum Kindischen, ja Ekelhaften herabgesunken. Michelangelo ist der Vater des schlechten Geschmacks in der Baukunst, die unter seinen Nachfolgern bis auf unsere Zeit sich immer verschlimmert hat. An den Werken der gotischen Baukunst erblickt man überall Genie. An den Werken der Neueren nur Regeln. Das Abendmahl von Leonhard da Vinci in Mailand ist eins der schönsten Gemälde in der Welt. Unter den Gemälde-Galerien ist die des Cavaliero Melzi die sehenswürdigste dort. Sie besteht aus lauter Malereien, die vor Raffaels und Michelangelos Zeit verfertiget worden; worunter man ausnehmend schöne Stücke findet. Wir setzten unsere Reise über Pavia nach Genua fort. Hier ist weiter nichts sehenswürdig als der prächtige und schiffreiche Hafen, die Lage der Stadt, welche wie ein Amphitheater an den Bergen herumgebauet ist, und republikanischer Wohlstand. Von Genua gingen wir zu Schiffe nach Livorno. Unterwegs hat uns ein heftiger Sturm mit Gegenwind genötigt, in Portofino einzulaufen, wo wir zwei Tage bleiben mußten. Der Sturm hätte beinahe alle Schiffe in dem Hafen zertrümmert. Am dritten Morgen wurden Anker gelichtet, und wir gingen unter Segel. Ein abermaliger Sturm aus Westen brachte uns glücklich denselben Nachmittag in den Hafen von Livorno. Diese Stadt ist nicht groß, aber sehr volkreich, hat einen schönen Hafen und ist, wie alle Handelsstädte, blühend. An Kunstwerken siehet man hier nichts. Sie ist aber dennoch für den Künstler eine der vorzüglichsten Städte. Hier ist der Ort, morgenländische Charaktere zu studieren. Und Kostüm! Ich habe hier vornehme Konstantinopolitaner gesehen, die in weißen Gewändern und genau wie die griechischen Bildsäulen drapiert waren. Perser und Araber, Griechen und Palästriner und Ägypter und von allen Nationen, die um das mittelländische Meer herumwohnen. Es ist auffallend, wie diese Menschen im Gehen und Stehen und Sitzen, Essen und Trinken und in allen ihren Handlungen von Okzidentalen und Nordländern verschieden sind. Alles so zwanglos, so natürlich. Es müssen sich noch keine Tanz- und Hofmeister dort eingenistet haben, dachte ich bei der Betrachtung dieser Menschen. Ich bin vier Tage dort gewesen, es ist aber teuer dort zu leben. Von hier ging es auf Pisa. Es ist eine große Stadt und wenig Einwohner. Der hängende Turm, Dom und Baptisterium sind, wie oben gesagt, Meisterstücke der Baukunst. Der Baumeister war ein Deutscher. So wie man von hier ins Florentinische kommt, findet man überall Wohlstand, von Livorno und Pisa an bis ins päpstliche Gebiet. Florenz ist eine der schönsten Städte in Italien. Die großherzogliche Galerie, woselbst sich auch die berühmte Gruppe der Niobe befindet, ist bewunderungswürdig. Schönere Straßen gibt es nirgends als hier. Meine beiden Reisegefährten setzten, nachdem sie ein paar Tage dagewesen, die Reise nach Rom fort, und ich blieb da. Den folgenden Tag wurde ich krank und habe vierzehn Tage das Bett hüten müssen. Es ist sehr schlimm, in Italien krank zu sein, weil die Ärzte bis zum Unverschämten kostbar sind. Nachdem ich wieder genesen, habe ich täglich die hiesigen Kunstwerke besucht. Außer der Galerie findet man in allen Kirchen aus der florentinischen Schule Meisterstücke. Masaccio und Ghirlandaio lebten vor Raffael und waren große Meister. Letzterer hat ohne Bedenken ganze Gruppen von diesen beiden Männern entlehnt und seinen Werken einverleibet. Dann Andrea del Sarto, ein Zeitgenosse Raffaels. Er ist der florentinische Raffael. Das Grabmal der Medicis vom Michelangelo, wo nach meiner Einsicht die beiden sitzenden Statuen der Herzöge Laurentius und

Cosmus die beste Bildhauerarbeit ist, welche seit der Wiederauflebung der Kunst verfertiget worden. Johann di Bologna hat weniger Fehler, aber auch weniger Geist als Michelangelo. Ich habe dort eine große Komposition gezeichnet von ungefähr 30 Figuren, welche Zeichnung mir viele Reputation dort gemacht hat. Sie stellet vor den Streit der Zentauren und Lapithen nach Ovids Beschreibung. Sie hat mir auch hier Ehre gemacht, kommt aber gegen meine itzigen Arbeiten, nachdem ich die unsterblichen Werke eines Michelangelo und Raffael gesehen, nicht. Wenn ich nur immer gesund wäre. Ich bin schon einmal kurz nach meiner Ankunft allhier krank gewesen. Ich lebe nur in meiner Kunst. Die ganze Natur betrachte ich in dieser Absicht. Itzt noch kann ich diese Glückseligkeit genießen, darum arbeite ich gern. Sollte meine Lebenslänge weiter hinausgehen, als es mir die Baufälligkeit meiner Maschine ahnden läßt, so kann eine Zeit kommen, wo ich mit Ekel auf meine Arbeiten zurücksehe, wo es mich verdrießt, der Seifenblase Ruhm meine Gesundheit aufgeopfert zu haben.
In Florenz bin ich mit Sr. Durchlaucht, dem Fürsten Hatzfeldt bekannt geworden, mit dem ich hier zu Anfange an vielen Orten herumgefahren bin. Ich habe es müssen aber von mir ablehnen, weil es mir zu viele Zeit kostete. Seine Durchlaucht haben mich verschiedentlich besucht und sind itzt nach Neapel gereiset.
Der Rat Reiffenstein ist ein würdiger und einsichtsvoller alter Mann. Herr Cabott kopiert itzt die berühmte Grablegung von Raffael im Palast Borghese. Die Kopie ist halb fertig und hat den Vorzug, daß alle Figuren durchgezeichnet sind. Doch hievon muß nichts bekannt werden, weil es dem Custodi seinen Dienst kosten würde.
Über die gegenwärtige politische Verfassung Roms, den Charakter des Volks, so viel ich in so kurzer Zeit habe einsammeln können etc., ließen sich viele Anmerkungen machen. Da mein Brief aber an eine so hohe Person gerichtet ist und man in gegenwärtiger Zeit nicht sicher ist für Erbrechung der Briefe vor ihrer Absendung, so muß ich davon schweigen, um mich keiner Ungelegenheit auszusetzen. Es ist hier gegenwärtig ge-

fährlich genug für Fremde. Mein Brief ist sehr lang geworden. Ich bitte daher untertänigst, Ihro Exzellenz wollen es mir zugute halten, wenn in den itzigen kriegerischen Zeitläuften Hochdieselben einen gnädigen Blick auf die Künste des Friedens und ihre Arbeiter herablassen können. Mit tiefster Ehrfurcht ersterbe

Ihro hochfreiherrlicher Exzellenz
untertänigster
Carstens.

Joseph Haydn

An Marianne von Grenzinger in Wien

London, am 8. Januar 1791

... Berichte demnach, daß ich den ersten dieses als am Neujahrstag früh um halb 8 Uhr nach gehörter Heiliger Messe (in Calais) in das Schiff stieg und nachmittags um 5 Uhr, dem Höchsten sei gedankt, wohlbehalten und gesund zu Dover ankam. Anfangs hatten wir 4 ganze Stunden fast gar keinen Wind und das Schiff ging so langsam, daß wir in diesen 4 Stunden nicht mehr als eine einzige englische Meile machten. Deren aber sind von Calais bis Dover 24. Unser Schiffskapitän in übelster Laune sagte, daß wenn sich der Wind nicht ändere, wir die ganze Nacht zur See bleiben müssen. Zum Glück aber hub sich der Wind gegen 12 Uhr so günstig, daß wir bis 4 Uhr 22 Meilen zurücklegten. Da wir aber wegen der eben einfallenden Ebbe mit unserm großen Schiffe nicht an das Gestad kommen konnten, so liefen schon von weit zwei kleinere Schiffe gegen uns, in welche wir uns samt unserer Bagage übersetzten und endlich unter einem kleinen Sturmwind doch glücklich anlandeten. Das große Schiff blieb noch 5 Stund darnach im Meer, bis es endlich nach angekommener Flut einlaufen konnte. Einige von den Reisenden blieben, aus Furcht in das kleinere zu steigen, auf demselben; ich schlug mich aber zu dem größeren Haufen. Während der ganzen Überfahrt blieb ich oben auf dem Schiff, um das ungeheure Tier, das Meer, sattsam zu betrachten. Solange es windstill war, fürchtete ich mich nicht. Zuletzt aber, da der immer stärkere Wind ausbrach und ich die heranschlagenden, ungestümen hohen Wellen sah, überfiel mich eine kleine Angst, und mit dieser eine kleine Üblichkeit. Doch überwand ich alles und kam ohne zu brechen glücklich an das Gestade. Die meisten wurden krank und sahen wie die Geister aus.

Da ich aber nach London kam, wurde ich erst die Beschwerde der Reise gewahr. Ich gebrauchte 2 Tage, um mich zu erholen. Nun aber bin ich wieder ganz frisch und munter und betrachte die unendlich große Stadt London, welche wegen ihrer verschiedenen Schönheiten und Wunderdinge ganz in Erstaunung versetzt.

Adolph Freiherr von Knigge

Das Zauberschloß
(1790)

Bearbeitet und neu herausgegeben von Chris Stadtlaender

Erstes Capitel

Vor einigen Jahren kam mir der Gedanke, zu meiner Zerstreuung eine kleine Lustreise zu unternehmen; Geist und Körper bedurften der Erholung. Ich kaufte mir zwey Reitpferde; mein ganzes Gepäck bestand in einem großen Mantelsacke, in welchem ein wenig Wäsche für mich und meinen Reitknecht freundschaftlich untereinander lag, und den dieser hinter sich auf seinen treuen Rappen festschnallen sollte. – »Aber wohin wird denn die Reise gehen?« fragte ich mich selber, indes ich die kleine Geldsumme, die ich dazu anwenden konnte und wollte, stückweise durch die Finger gleiten ließ, ohne eigentlich zu zählen. (Sie bestand aus französischen alten Louisdor, die sämtlich um sechzehn Procent zu leicht waren. Mein alter Freund M. hatte sie mir großmüthig ohne Zinsen sub hypotheca bonorum, geliehen und mein Wechsel lautete auf vollwichtige Pistoletten.) »Wohin soll denn die Reise gehen? Damit wirst Du nicht weit kommen. Aber muß man auch grade weit reisen, um neue Nahrung für Kopf und Herz zu sammeln? Ist denn das Land um uns her von der Herde hungriger Reisender so abgehütet, daß gar kein Pflänzchen, gar kein Blümchen mehr für Deinen Genuß und für Deine Augenweide stehen geblieben wäre? – Nein! es wird sich schon noch ein Winkelchen finden, wohin ihr spähender Blick nicht gedrungen ist. Und solltest Du auch nur auflesen, was sie von sich geworfen haben. Vielleicht wird Dein Auge auf Gegenständen verweilen, über welche Jene hinweggeschlüpft sind, oder die sie keiner Aufmerksamkeit gewürdigt haben. Ich will einen Zug durch ... machen, sagte ich, indem ich eine Sammlung von Landkarten herbeyholte. »Von da reite ich über ... in das ... sche; wo mir's gefällt, da verweile ich ein paar Tage; und wenn meine Louisdor zur Hälfte aufgezehrt sind, so kehre ich auf der Stelle zurück.«

In dem Städtchen, wo ich wohnte, hatte die goldne Aufklärung schon herrliche Fortschritte gemacht; es gab da schöne Geister und Deisten und Weltbürger, gelehrte Frauenzimmer, Clubs, Lese-Gesellschaften, ein Caffeehaus, ein Liebhaber-Concert, Mitglieder geheimer Gesellschaften, zuweilen auch sogar Schauspiele, die von herumziehenden Künstlern in einem alten Brauhause aufgeführt wurden.

Nun trieb hier ein Buchhändler sein Wesen, der Calender für das Landvolk verlegte, und Romane, Journale und Theaterstücke verkaufte. Diesen traf ich einst des Morgens in der Apotheke an. Ich theilte ihm meinen Reiseplan mit, und er bat mich, alles aufzuschreiben, was ich unterwegens sehen und hören würde. »Jedermann«, sagte er, »der heutzutage eine kleine Reise macht, läßt seine Bemerkungen über die Länder und Menschen, die er beäugelt hat, drucken. Sie sind ein feiner Beobachter« – ich verneigte mich –, »was Sie aufschreiben, kann nicht anders, als äußerst interessant seyn; ich übernehme den Verlag und zahle Ihnen ein billiges Honorarium. Dies ist eine bequeme Art, auf andrer Leute Kosten zu reisen, und was die Wichtigkeit und Neuheit der Bemerkungen betrifft, so nimmt es das lesende Publicum damit so genau nicht ...«

Dieser Vorschlag und die ganze Methode gefielen mir Anfangs ungemein. Ich nahm Abschied von meinen Freunden, setzte mich zu Pferde, fing meine Reise und mein Reise-Journal an – aber, o Himmel! wie mager fiel dies aus? Nicht, daß es in dem Theile meines lieben Vaterlandes, welchen ich durchreiste, an Dingen gefehlt hätte, die der Beobachtung des Forschens würdig gewesen wären; aber wenn man etwas finden will, sagte oft meine selige Großmutter, so muß man es nicht suchen. Das ängstliche Bestreben, aller Orten Materialien zu sammeln, womit ich meine leeren Hefte anfüllen könnte, raubte mir allen Genuß, den ich auf meiner Wanderschaft hätte haben können, ließ mich bey unbedeutenden Scenen verweilen; und so war meine Aufmerksamkeit ermüdet, wenn ich auf Gegenstände stieß, welche lebhafte Eindrücke auf mich gemacht haben würden, wenn ich diese Eindrücke ruhig erwartet hätte. Ich gab also meinen ersten Plan auf, und suchte nur, mich in einer so sorgenlosen Gemüths-Verfassung so heiter und bey so guter Laune zu erhalten, daß ich den ersten Hauptzweck meiner Reise, die Erholung für Geist und Leib, nicht verfehlte. Der Erfolg rechtfertigte diesen letzten Entschluß. Bereichert mit neuen Bildern aller Art kehrte ich nun jeden Abend in meine Herberge zurück. Ich schrieb wenig auf, aber ich genoß . . .

Auf dieser Reise aber war es, wo ich mit der Geschichte und der Person des Grafen Tunger bekannt wurde. Beyde interessierten mich zu sehr, als daß ich nicht noch nachher mich hätte bemühen sollen, den Verfolg der Begebenheiten dieses sonderbaren Mannes zu erfahren. Ich trat mit ihm in Briefwechsel. Was er mir von den Vorfällen seines Lebens nicht mündlich erzählt hatte, das theilte er mir schriftlich mit.

Zweytes Capitel

Es war an einem schönen Sommer-Abend, als ich, auf der Reise, von der ich vorhin geredet habe, in dem kleinen Städtchen . . . ankam. Ich hatte am Tage viel von der Hitze gelitten, meines Reitknechts Pferd wollte nicht mehr fort; der Reuter schien's nicht ungern zu sehen, daß ich das bemerkte. Das Städtchen lachte uns so freundlich an, und als wir vollends erst hinein kamen, da schien die Lage des Wirthshauses zu der goldenen Traube so einladend – es lag am Ufer des Stromes und hatte über ihn hinaus eine freye, schöne Aussicht in ein Thal, das längst einer Kette von kleinen Bergen hinlief. Der Grund bestand aus Wiesen, die durch Gruppen von Vieh belebt wurden. Am Abhange der Hügel waren Gärten angelegt und Weinreben in symmetrischer Ordnung gepflanzt, zwischen denen artige kleine Häuser lagen. Den oberen Theil der Berge aber nahm ein dichter Wald ein, zwischen welchen man hie und da die Mauern eines alten Schlosses hervorblicken sah.

»Wie wäre es, Conrad!« sagte ich, indem ich meinen Kopf nach ihm umwendete, »wie wäre es, wenn wir diese Nacht hier blieben? Es ist zwar noch früh; aber das Wirthshaus hier sieht so fröhlich aus; wer weiß, ob wir ein so gutes antreffen, wenn wir weiter reiten? Zudem bin ich ermüdet, das leugne ich nicht.« »Und die armen Thiere sind es auch«, antwortete Conrad. »Im ganzen Lande ist keine so gute Herberge als hier in der goldenen Traube. Man kann da alles haben, was das Herz begehrt; Wein, der hier gegenüber wächst und Fische und charmante Betten, die kein Fürst verschmähen würde.«
Wir stiegen ab; der Wirth, ein freundlicher, runder Mann, bewillkommte mich mit unendlicher Redseligkeit. Er unterhielt mich mit einem Register der vornehmen Herrschaften, die bey ihm einzukehren pflegten. Da war der Fürst von ... und der Graf ... und die beiden Barone ..., die immer spaßhafter Weise zu sagen pflegten: man könne in Abrahams Schoße nicht bewirthet werden, als bey dem Herrn Meyer, in der goldnen Traube. Ich war durstig; er brachte mir eine Flasche Wein. »Einen solchen Wein hat, wie Se. Hochwürden Gnaden, der Herr Domherr von ... versichern, der Churfürst von Maynz nicht besser im Keller.« Das Zimmer, welches mir Herr Meyer anwies, stieß an einen Saal, in welchem ich viel Stimmen durcheinander hörte. »Haben Sie noch mehr Gäste im Hause«, fragte ich. »Seit gestern, da zwey sechsspännige Kutschen voll Herrschaften hier zu Mittage anhielten, ist mein Haus unbesetzt«, erwiderte er; »aber zweymal in der Woche versammeln sich hier die Honoratiores aus der Stadt. Es ist eine geschlossene Gesellschaft, doch ist jeder Fremde willkommen. Haben Ihro Gnaden Belieben, ein wenig beyzuwohnen, so will ich dieselben sogleich anmelden. Sie sind da ungeniert und da die Frauenzimmer in der Stube nebenan sitzen, so darf im Saale auch Tabac geraucht werden.«
Ich ließ mir des Herrn Meyers Vorschlag gefallen, und in weniger als einer Stunde war ich in dem Club der Magnaten des Städtchens wie zu Hause. Als ein sehr belebter, galanter Mann machte ich, wie sich's versteht, zuerst den Damen im Nebenzimmer meine Aufwartung. Da saßen ein Dutzend wohlbe-

leibte und mit ihren Sonntags-Draperien gezierte Hausmütter verschanzt hinter einer Brustwehr von Zuckerkuchen, Himbeer-Torten und Obst-Tellern. Strenge theoretische Sittsamkeit, systematische Zucht und Ordnung, und Unwillen über die Verderbniß der heutigen Welt waren auf ihren kupferichten Gesichtern zu lesen und schienen der Gegenstand ihrer liebreichen Gespräche zu sein. Man sah es ihnen an, daß sie sich vor allen heftigen Bewegungen hüteten, um keine Falten und keine Obst-Flecken in den festlichen Kleidungsstücken zu machen....

Fünftes Capitel

Was dem Verfasser in Tungerhausen widerfährt

»Hier im Hause ist's nicht richtig; das kann ich Ihnen sagen«, sprach Conrad, als er mich am Abend des zweyten Tages auf mein Zimmer begleitete. Ich hatte diese zwey Tage sehr froh zugebracht; allein, es war immer noch andere Gesellschaft im Schlosse gewesen; der Graf hatte mich also gebeten, nicht so bald wieder abzureisen, damit er, wie er sagte, meinen Umgang ruhiger genießen könnte. – »Nein! es ist, meiner Seele! nicht richtig hier«, rief Conrad, »und wenn ich an Ihrer Stelle wäre, ich zöge je eher je lieber von dannen, ehe Ihnen noch was Ärgeres begegnet, als mir widerfahren ist«. Und was ist Dir denn widerfahren?« fragte ich, indem ich anfing mich auszukleiden. Da kam nun der Kerl mit einer Erzählung angezogen, die mir um so auffallender war, da ich sonst nie an ihm einige Furcht vor Gespenstern bemerkt und ich sorgfältig vermieden hatte, ihm etwas von dem zu sagen, was mir über die Spukereyen in Tungerhausen war erzählt worden. Bey genauerer Nachfrage merkte ich auch, daß nicht etwa die Domestiken im Schlosse ihm Dinge von der Art in den Kopf gesetzt, sondern vielmehr, als er ihnen sein Leid geklagt, ihm die Sache auszureden gesucht hatten. Sein Abentheuer aber war folgendes: Einer von des Grafen Bedienten, der, wie ich nachher erfuhr, noch nicht lange bey ihm diente, hatte am ersten Tage meines Aufenthaltes in Tungerhausen, eine kleine Bouteille Mallaga-Wein aus dem Keller erobert und damit meinem Conrad ein Geschenk gemacht. Dieser nahm die Flasche mit auf seine Schlaf-Cammer.

Ehe er sich zu Bette legte, holte er einen Schluck daraus, fand ihn vortrefflich und setzte ihn vor sein Bette. Der Wein aber hatte ihn, wie es scheint erhitzt; mitten in der Nacht wurde er durstig, griff nach der Flasche und that einen tüchtigen Zug; aber wie erschrak er, als er das ganze Maul voll Sand bekam, und auch am folgenen Morgen sich durch den Augenschein überzeugte, daß der schöne Rebensaft in diese Materie verwandelt war! Da nun Conrad hoch und theuer versicherte, er habe die einzige Thür, welche in die Cammer führte, sorgfältig verschlossen gehabt, auch sey nur Eine Bouteille im ganzen Zimmer zu finden gewesen, so war diese Bestrafung der Lüsternheit durch unsichtbare Hand, in der That eine höchst sonderbare Begebenheit. Indessen nahm ich mir doch vor, meinen Reitknecht nicht in seinem Wunderglauben zu bestärken und mit dem Grafen noch gar nicht über diese Sache zu reden; sondern erst zu erwarten, ob uns mehr von der Art begegnen würde. Desfalls nun traf ich mit Conrad die Verabrednung, er sollte diesen Abend dieselbe Scene wiederholen, nemlich abermals durch den Bedienten eine Flasche Wein zu erhaschen suchen, seine Cammer wohl verschließen und dann mit dem Schlage zwölf Uhr aufstehen und versuchen, ob der Wein wiederum in Sand verwandelt werde. Nun konnte ich kaum den andern Morgen erwarten, um den Erfolg dieser Vorkehrungen zu erfahren; allein nichts gleicht meinem Erstaunen, als der arme Kerl bey Tages-Anbruch in mein Zimmer trat und mir mit großer Angst klagte: ihm sey in dieser Nacht noch ärger als in der vorigen mitgespielt worden; denn, nachdem er alles meiner Vorschrift gemäß eingerichtet habe und dann um Mitternacht aufgestanden sey, um den Zauberwein zu kosten, habe ihm auf einmahl eine unsichtbare Hand von hinten eine so fürchterliche Maulschelle gereicht, daß er die Flasche zur Erde fallen lassen. Dabey habe eine hohle Stimme gerufen: »Das ist für den Keller-Dieb!« Voll Schrecken habe er nun entfliehen wollen; allein es sey ihm unmöglich gewesen, die Thür zu finden. Dann habe die Stimme gerufen: »Eile in Dein Bette, oder Du mußt sterben!« Man kann sich leicht vorstellen, daß der erschrockene Conrad sich diesen Wink nicht zweymal geben ließ. Er schritt so schnell es ihm in der Verwirrung möglich war, nach seinem Lager hin, auf welchem er den Rest der Nacht größtentheils schlaflos und voll Angst zubrachte.

Ich hatte alle Mühe meinen Reitknecht zu bewegen, von dieser Begebenheit gegen jedermann zu schweigen, noch mehr aber, in derselben Cammer wieder zu schlafen; doch beruhigte ich ihn endlich mit der Vorstellung, daß, wenn er sich nur enthielte, den entwendeten Wein anzunehmen, er gewiß keine Anfechtung weiter haben würde; und so geschah es auch. . . .

Johann Wolfgang von Goethe

Briefe aus der Schweiz
(1779)

Münster, den 3. Oktober
Sonntag abends

Von Basel erhalten Sie ein Paket, das die Geschichte unsrer bisherigen Reise enthält, indessen wir unsern Zug durch die Schweiz nun ernstlich fortsetzen. Auf dem Wege nach Biel ritten wir das schöne Birstal herauf und kamen endlich an den engen Paß der hierher führt.

Durch den Rücken einer hohen und breiten Gebirgskette hat die Birs, ein mäßiger Fluß, sich einen Weg von uralters gesucht. Das Bedürfnis mag nachher durch ihre Schluchten ängstlich nachgeklettert sein. Die Römer erweiterten schon den Weg, und nun ist er sehr bequem durchgeführt. Das über Felsstücke rauschende Wasser und der Weg gehen nebeneinander hin und machen an den meisten Orten die ganze Breite des Passes, der auf beiden Seiten von Felsen beschlossen ist, die ein gemächlich aufgehobenes Auge fassen kann. Hinterwärts heben Gebirge sanft ihre Rücken, deren Gipfel uns vom Nebel bedeckt waren.

Bald steigen aneinander hängende Wände senkrecht auf, bald streichen gewaltige Lagen schief nach dem Fluß und dem Weg ein, breite Massen sind aufeinander gelegt, und gleich daneben stehen scharfe Klippen abgesetzt. Große Klüfte spalten sich aufwärts, und Platten von Mauerstärke haben sich von dem übrigen Gesteine losgetrennt. Einzelne Felsstücke sind herunter gestürzt, andere hängen noch über und lassen nach ihrer Lage fürchten, daß sie dereinst gleichfalls herein kommen werden.

Bald rund, bald spitz, bald bewachsen, bald nackt, sind die Firsten der Felsen, wo oft noch oben drüber ein einzelner Kopf kahl und kühl herüber sieht, und an Wänden und in der Tiefe schmiegen sich ausgewitterte Klüfte hinein.

Mir machte der Zug durch diese Enge eine große ruhige Empfindung. Das Erhabene gibt der Seele die schöne Ruhe, sie wird ganz dadurch angefüllt, fühlt sich so groß als sie sein kann. Wie herrlich ist ein solches reines Gefühl, wenn es gegen den Rand steigt ohne überzulaufen. Mein Auge und meine Seele konnten die Gegenstände fassen, und da ich rein war, diese Empfindung nirgends falsch widerstieß, so wirkten sie was sie sollten. Vergleicht man solch ein Gefühl mit jenem, wenn wir uns mühselig im Kleinen umtreiben, alles aufbieten, diesem so viel als möglich zu borgen und aufzuflicken, und unserm Geist durch seine eigne Kreatur Freude und Futter zubereiten; so sieht man erst, wie ein armseliger Behelf es ist.

Ein junger Mann, den wir von Basel mitnahmen, sagte: es sei ihm lange nicht wie das erste Mal, und gab der Neuheit die Ehre. Ich möchte aber sagen: wenn wir einen solchen Gegenstand zum ersten Mal erblicken, so weitet sich die ungewohnte Seele erst aus, und es macht dies ein schmerzlich Vergnügen, eine Überfülle, die die Seele bewegt und uns wollüstige Tränen ablockt. Durch diese Operation wird die Seele in sich größer, ohne es zu wissen, und ist jener ersten Empfindung nicht mehr fähig. Der Mensch glaubt verloren zu haben, er hat aber gewonnen. Was er an Wollust verliert, gewinnt er an innerm Wachstum. Hätte mich nur das Schicksal in irgendeiner großen Gegend heißen wohnen, ich wollte mit jedem Morgen Nahrung und Großheit aus ihr saugen, wie aus einem lieblichen Tal Geduld und Stille.

Am Ende der Schlucht stieg ich ab und kehrte einen Teil allein zurück. Ich entwickelte mir noch ein tiefes Gefühl, durch welches das Vergnügen auf einen hohen Grad für den aufmerksamen Geist vermehrt wird. Man ahnet im Dunkeln die Entstehung und das Leben dieser seltsamen Gestalten. Es mag geschehen sein wie und wann es wolle, so haben sich diese Massen nach der Schwere und Ähnlichkeit ihrer Teile, groß und einfach zusammengesetzt. Was für Revolutionen sie nachher bewegt, getrennt, gespalten haben, so sind auch diese doch nur einzelne Erschütterungen gewesen, und selbst der Gedanke einer so ungeheuren Bewegung gibt ein hohes Gefühl von ewi-

ger Festigkeit. Die Zeit hat auch, gebunden an die ewigen Gesetze, bald mehr bald weniger auf sie gewirkt.
Sie scheinen innerlich von gelblicher Farbe zu sein; allein das Wetter und die Luft verändern die Oberfläche in Graublau, daß nur hier und da in Streifen und in frischen Spalten die erste Farbe sichtbar ist. Langsam verwittert der Stein selbst und rundet sich an den Ecken ab, weichere Flecken werden weggezehrt, und so gibt's gar zierlich ausgeschweifte Höhlen und Löcher, die, wann sie mit scharfen Kanten und Spitzen zusammentreffen, sich seltsam zeichnen. Die Vegetation behauptet ihr Recht; auf jedem Vorsprung, Fläche und Spalt fassen Fichten Wurzel. Moos und Kräuter säumen die Felsen. Man fühlt tief, hier ist nichts Willkürliches, hier wirkt ein alles langsam bewegendes, ewiges Gesetz, und nur von Menschenhand ist der bequeme Weg, über den man durch diese seltsamen Gegenden durchschleicht.

Genf, den 27. Oktober

Die große Bergkette, die von Basel bis Genf Schweiz und Frankreich scheidet, wird wie Ihnen bekannt ist, der Jura genannt. Die größten Höhen davon ziehen sich über Lausanne bis ungefähr über Rolle und Nyon. Auf diesem höchsten Rükken ist ein merkwürdiges Tal von der Natur eingegraben – ich möchte sagen eingeschwemmt, da auf allen diesen Kalkhöhen die Wirkungen der uralten Gewässer sichtbar sind – das la Vallée de Joux genannt wird, welcher Name, da Joux in der Landsprache einen Felsen oder Berg bedeutet, deutsch das Bergtal hieße. Eh' ich zur Beschreibung unsrer Reise fortgehe, will ich mit wenigem die Lage desselben geographisch angeben. Seine Länge streicht, wie das Gebirg selbst, ziemlich von Mittag gegen Mitternacht, und wird an jener Seite von den Septmoncels, an dieser von der Dent de Vaulion, welche nach der Dôle der höchste Gipfel des Jura ist, begrenzt und hat, nach der Sage des Landes, neun kleine, nach unsrer ungefähren Reiserechnung aber sechs starke Stunden. Der Berg, der es die Länge hin an der Morgenseite begrenzt und auch von dem flachen Land herauf sichbtbar ist, heißt Le Noirmont. Gegen Abend streicht der Risoux hin und verliert sich allmählich gegen die Franche-

Comté. Frankreich und Bern teilen sich ziemlich gleich in dieses Tal, so daß jenes die obere Hälfte und dieses die untere bessere besitzt, welche letztere eigentlich La Vallée du Lac de Joux genannt wird. Ganz oben in dem Tal, gegen den Fuß der Septmoncels, liegt der Lac des Rousses, der keinen sichtlichen einzelnen Ursprung hat, sondern sich aus quelligem Boden und den überall auslaufenden Brunnen sammelt. Aus demselben fließt die Orbe, durchstreicht das ganze französische und einen großen Teil des Berner Gebiets, bis sie wieder unten gegen die Dent de Vaulion sich zum Lac de Loux bildet, der seitwärts in einen kleinen See abfällt, woraus das Wasser endlich sich unter der Erde verlieret. Die Breite des Tals ist verschieden, oben beim Lac des Rousses etwa eine halbe Stunde, alsdann verengert sich's und läuft wieder unten auseinander, wo etwa die größte Breite anderthalb Stunden wird. So viel zum bessern Verständnis des Folgenden, wobei ich Sie einen Blick auf die Karte zu tun bitte, ob ich sie gleich alle, was diese Gegend betrifft, unrichtig gefunden habe.

Den 24. Oktober ritten wir, in Begleitung eines Hauptmanns und Oberforstmeisters dieser Gegenden, erstlich Mont hinan, einen kleinen zerstreuten Ort, der eigentlicher eine Kette von Reb- und Landhäusern genennt werden könnte. Das Wetter war sehr hell; wir hatten, wenn wir uns umkehrten, die Aussicht auf den Genfersee, die Savoyer und Walliser Gebirge, konnten Lausanne erkennen und durch einen leichten Nebel auch die Gegend von Genf. Der Montblanc, der über alle Gebirge des Faucigny ragt, kam immer mehr hervor. Die Sonne ging klar unter, es war so ein großer Anblick, daß ein menschlich Auge nicht dazu hinreicht. Der fast volle Mond kam herauf und wir immer höher. Durch Fichtenwälder stiegen wir weiter den Jura hinan, und sahen den See in Duft und den Widerschein des Mondes darin. Es wurde immer heller. Der Weg ist eine wohlgemachte Chaussee, nur angelegt um das Holz aus dem Gebirg bequemer in das Land herunter zu bringen. Wir waren wohl drei Stunden gestiegen, als es hinterwärts sachte wieder hinabzugehen anfing. Wir glaubten unter uns einen großen See zu erblicken, indem ein tiefer Nebel das ganze Tal,

was wir übersehen konnten, ausfüllte. Wir kamen ihm endlich näher, sahen einen weißen Bogen, den der Mond darin bildete, und wurden bald ganz vom Nebel eingewickelt. Die Begleitung des Hauptmanns verschaffte uns Quartier in einem Hause, wo man sonst nicht Fremde aufzunehmen pflegt. Es unterschied sich in der innern Bauart von gewöhnlichen Gebäuden in nichts, als daß der große Raum mitten inne zugleich Küche, Versammlungsplatz, Vorsaal ist, und man von da in die Zimmer gleicher Erde und auch die Treppe hinauf geht. Auf der einen Seite war an dem Boden auf steinernen Platten das Feuer angezündet, davon ein weiter Schornstein, mit Brettern dauerhaft und sauber ausgeschlagen, den Rauch aufnahm. In der Ecke waren die Türen zu den Backöfen, der ganze Fußboden übrigens gedielet, bis auf ein kleines Eckchen am Fenster um den Spülstein, das gepflastert war, übrigens rings herum, auch in der Höhe über den Balken, eine Menge Hausrat und Gerätschaften in schöner Ordnung angebracht, alles nicht unreinlich gehalten.
Den 25. morgens war helles kaltes Wetter, die Wiesen bereift, hier und da zogen leichte Nebel: wir konnten den untern Teil des Tals ziemlich übersehen, unser Haus lag am Fuß des östlichen Noirmont. Gegen achte ritten wir ab, und um der Sonne gleich zu genießen, an der Abendseite hin. Der Teil des Tals, an dem wir hinritten, besteht in abgeteilten Wiesen, die gegen den See zu etwas sumpfichter werden. Die Orbe fließt in der Mitte durch. Die Einwohner haben sich teils in einzelnen Häusern an der Seite angebaut, teils sind sie in Dörfern näher zusammengerückt, die einfache Namen von ihrer Lage führen. Das erste, wodurch wir kamen, war Le Sentier. Wir sahen von weitem die Dent de Vaulion über einem Nebel, der auf dem See stand, hervorblicken. Das Tal ward breiter, wir kamen hinter einem Felsgrat, der uns den See verdeckte, durch ein ander Dorf, Le Lieu genannt, die Nebel stiegen und fielen wechselweise vor der Sonne. Hier nahebei ist ein kleiner See, der keinen Zu- und Abfluß zu haben scheint. Das Wetter klärte sich völlig auf und wir kamen gegen den Fuß der Dent de Vaulion und trafen hier ans nördliche Ende des großen Sees, der, indem er sich westwärts wendet in den kleinen durch einen

Damm unter einer Brücke weg seinen Ausfluß hat. Das Dorf drüben heißt Le Pont. Die Lage des kleinen Sees ist wie in einem eigenen kleinen Tal, was man niedlich sagen kann. An dem westlichen Ende ist eine merkwürdige Mühle in einer Felskluft angebracht, die ehemals der kleine See ausfüllte. Nunmehr ist er abgedämmt und die Mühle in die Tiefe gebaut. Das Wasser läuft durch Schleusen auf die Räder, es stürzt sich von da in Felsritzen, wo es eingeschluckt wird und erst eine Stunde von da im Vallorbe hervor kommt, wo es wieder den Namen des Orbeflusses führet. Diese Abzüge (entonnoirs) müssen rein gehalten werden, sonst würde das Wasser steigen, die Kluft wieder ausfüllen und über die Mühle weg gehen, wie es schon mehr geschehen ist. Sie waren stark in der Arbeit begriffen, den morschen Kalkfelsen teils wegzuschaffen, teils zu befestigen. Wir ritten zurück über die Brücke nach Pont, nahmen einen Wegweiser auf La Dent. Im Aufsteigen sahen wir nunmehr den großen See völlig hinter uns. Ostwärts ist der Noirmont seine Grenze, hinter dem der kahle Gipfel der Dôle hervorkommt, westwärts hält ihn der Felsrücken, der gegen den See ganz nackt ist, zusammen. Die Sonne schien heiß, es war zwischen elf und Mittag. Nach und nach übersahen wir das ganze Tal, konnten in der Ferne den Lac des Rousses erkennen, und weiter her bis zu unsern Füßen die Gegend, durch die wir gekommen waren, und den Weg der uns rückwärts noch überblieb. Im Aufsteigen wurde von der großen Strecke Landes und den Herrschaften, die man oben unterscheiden könnte, gesprochen, und in solchen Gedanken betraten wir den Gipfel; allein uns war ein ander Schauspiel zubereitet. Nur die hohen Gebirgsketten waren unter einem klaren und heitern Himmel sichtbar, alle niederen Gegenden mit einem weißen wolkigen Nebelmeer überdeckt, das sich von Genf bis nordwärts an den Horizont erstreckte und in der Sonne glänzte. Daraus stieg ostwärts die ganze reine Reihe aller Schnee- und Eisgebirge, ohne Unterschied von Namen der Völker und Fürsten, die sie zu besitzen glauben, nur Einem großen Herrn und dem Blick der Sonne unterworfen, der sie schön rötete. Der Montblanc gegen uns über schien der höchste, die Eisgebirge des Wallis und des Ober-

Goethe in Solothurn 1779
Die Maidli haben Wonne im Herzen – noch ohne Schmerzen
Großer Sennenhund
Ein Solothurner ist besorgt ...
75

landes folgten, zuletzt schlossen niedere Berge des Kantons Bern. Gegen Abend war an einem Platze das Nebelmeer ungegrenzt, zur Linken in der weitsten Ferne zeigten sich sodann die Gebirge von Solothurn, näher die von Neuchâtel, gleich vor uns einige niedere Gipfel des Jura, unter uns lagen einige Häuser von Vaulion, dahin die Dent gehört von daher sie den Namen hat. Gegen Abend schließt die Franche-Comté mit flachstreichenden waldigen Bergen den ganzen Horizont, wovon ein einziger ganz in der Ferne gegen Nordwest sich unterschied. Grad ab war ein schöner Anblick. Hier ist die Spitze, die diesem Gipfel den Namen eines Zahns gibt. Er geht steil und eher etwas einwärts hinunter, in der Tiefe schließt ein kleines Fichtental an mit schönen Grasplätzen, gleich drüber liegt das Tal Vallorbe genannt, wo man die Orbe aus dem Felsen kommen sieht und rückwärts zum kleinen See ihren unterirdischen Lauf in Gedanken verfolgen kann. Das Städtchen Vallorbe liegt auch in diesem Tal. Ungern schieden wir. Einige Stunden längeren Aufenthalts, indem der Nebel um diese Zeit sich zu zerstreuen pflegt, hätten uns das tiefere Land mit dem See entdecken lassen; so aber mußte, damit der Genuß vollkommen werde, noch etwas zu wünschen übrig bleiben. Abwärts hatten wir unser ganzes Tal in aller Klarheit vor uns, stiegen bei Pont zu Pferde, ritten an der Ostseite den See hinauf, kamen durch L'Abbaye de Joux, welches jetzt ein Dorf ist, ehemals aber ein Sitz der Geistlichen war, denen das ganze Tal zugehörte. Gegen viere langten wir in unserm Wirtshaus an, und fanden ein Essen, wovon uns die Wirtin versicherte, daß es am Mittag gut gewesen sei, aber auch übergar trefflich schmeckte.

Daß ich noch einiges, wie man mir erzählt, hinzufüge. Wie ich eben erwähnte, soll ehedem das Tal Mönchen gehört haben, die es dann wieder vereinzelt verlassen haben, und zu Zeiten der Reformation mit den übrigen ausgetrieben worden sind. Jetzt gehört es zum Kanton Bern, und sind die Gebirge umher die Holzkammer von dem Pays de Vaud. Die meisten Hölzer sind Privatbesitzungen, werden unter Aufsicht geschlagen und so ins Land gefahren. Auch werden hier die Dauben zu fichtenen Fässern verfertigt. Die Leute sind gut gebildet und gesittet. Neben dem Holzverkauf treiben sie die Viehzucht; sie haben kleines Vieh und machen gute Käse. Sie sind geschäftig, und ein Erdschollen ist ihnen viel wert. Wir fanden einen, der die wenige aus einem Gräbchen aufgeworfene Erde mit Pferd und Karren in einige Vertiefungen neben der Wiese führte. Die Steine legen sie sorgfältig zusammen und bringen sie auf kleine Haufen. Es sind viele Steinschleifer hier, die für Genfer und andere Kaufleute arbeiten, mit welchem Erwerb sich auch die Frauen und Kinder beschäftigen. Die Häuser sind dauerhaft und sauber gebaut, die Form und Einrichtung nach dem Bedürfnis der Gegend und der Bewohner; vor jedem Hause läuft ein Brunnen, und durchaus spürt man Fleiß, Rührigkeit und Wohlstand. Über alles aber muß man die schönen Wege preisen, für die, in diesen entfernten Gegenden, der Stand Bern wie durch den ganzen übrigen Kanton sorgt. Es geht eine Chaussee um das ganze Tal herum, nicht übermäßig breit, aber wohl unterhalten, so daß die Einwohner mit der größten Bequemlichkeit ihr Gewerbe treiben, mit kleinen Pferden und leichten Wagen fortkommen können. Die Luft ist sehr rein und gesund.

Den 26. ward beim Frühstück überlegt, welchen Weg man zurück nehmen wollte. Da wir hörten, daß die Dôle, der höchste Gipfel des Jura, nicht weit von dem obern Ende des Tals liege, da das Wetter sich auf das herrlichste anließ und wir hoffen konnten, was uns gestern noch gefehlt, heute vom Glück alles zu erlangen; so wurde dahin zu gehen beschlossen. Wir packten einem Boten Käse, Butter, Brot und Wein auf, und ritten gegen achte ab. Unser Weg ging nun durch den obern Teil des Tals in dem Schatten des Noirmont hin. Es war sehr kalt, hatte gereift und gefroren; wir hatten noch eine Stunde im Bernischen zu reiten, wo man eben die Chaussee zu Ende zu bringen beschäftigt ist. Durch einen kleinen Fichtenwald rückten wir ins französische Gebiet ein. Hier verändert sich der Schauplatz sehr. Was wir zuerst bemerkten, waren die schlechten Wege. Der Boden ist sehr steinicht, überall liegen sehr große Haufen zusammen gelesen; wieder ist er eines Teils sehr morastig und quellig; die Waldungen umher sind sehr ruinieret; den Häusern und

Einwohnern sieht man ich will nicht sagen Mangel, aber doch bald ein sehr enges Bedürfnis an. Sie gehören fast als Leibeigne an die Canonici von St. Claude, sie sind an die Erde gebunden, viele Abgaben liegen auf ihnen (sujets à la main morte et au droit de la suite), wovon mündlich ein mehreres, wie auch vor dem neuesten Edikt des Königs, wodurch das droit de la suite aufgehoben wird, die Eigentümer und Besitzer aber eingeladen werden, gegen ein gewisses Geld der main morte zu entsagen. Doch ist auch dieser Teil des Tals sehr angebaut. Sie nähren sich mühsam und lieben doch ihr Vaterland sehr, stehlen gelegentlich den Bernern Holz und verkaufen's wieder ins Land. Der erste Sprengel heißt Le Bois d'Amont, durch den wir in das Kirchspiel Les Rousses kamen, wo wir den kleinen Lac des Rousses und les sept Moncels, sieben kleine, verschieden gestaltete und verbundene Hügel, die mittätige Grenze des Tals, vor uns sahen. Wir kamen bald auf die neue Straße, die aus dem Pays de Vaud nach Paris führt; wir folgten ihr eine Weile abwärts, und waren nunmehr von unserm Tal geschieden; der kahle Gipfel der Dôle lag vor uns, wir stiegen ab, unsre Pferde zogen auf der Straße voraus nach St. Cergue, und wir stiegen die Dôle hinan. Es war gegen Mittag, die Sonne schien heiß, aber es wechselte ein kühler Mittagswind. Wenn wir auszuruhen, uns umsahen, hatten wir les sept Moncels hinter uns, wir sahen noch einen Teil des Lac des Rousses und um ihn die zerstreuten Häuser des Kirchspiels, der Noirmont deckte uns das übrige ganze Tal, höher sahen wir wieder ungefähr die gestrige Aussicht in die Franche-Comté und näher bei uns, gegen Mittag, die letzten Berge und Täler des Jura. Sorgfältig hüteten wir uns, nicht durch einen Bug der Hügel uns nach der Gegend umzusehen, um derentwillen wir eigentlich herauf stiegen. Ich war in einiger Sorge wegen des Nebels, doch zog ich aus der Gestalt des obern Himmels einige gute Vorbedeutungen. Wir betraten endlich den obern Gipfel und sahen mit größtem Vergnügen uns heute gegönnt, was uns gestern versagt war. Das ganze Pays de Vaud und de Gex lag wie eine Flurkarte unter uns, alle Besitzungen mit grünen Zäunen abgeschnitten, wie die Beete eines Parterres. Wir waren so hoch, daß die Höhen und Vertiefungen des vordern Landes gar nicht erschienen. Dörfer, Städtchen, Landhäuser, Weinberge, und höher herauf, wo Wald und Alpen angehen, Sennhütten, meistens weiß und hell angestrichen, leuchteten gegen die Sonne. Vom Lemaner-See hatte sich der Nebel schon zurückgezogen, wir sahen den nächsten Teil an der diesseitigen Küste deutlich; den sogenannten kleinen See, wo sich der große verengt und gegen Genf zugeht, dem wir gegenüber waren, überblickten wir ganz, und gegenüber klärte sich das Land auf, das ihn einschließt. Vor allem aber behauptete der Anblick über die Eis- und Schneeberge seine Rechte. Wir setzten uns vor der kühlen Luft in Schutz hinter Felsen, ließen uns von der Sonne bescheinen, das Essen und Trinken schmeckte trefflich. Wir sahen dem Nebel zu, der sich nach und nach verzog, jeder entdeckte etwas, oder glaubte etwas zu entdecken. Wir sahen nach und nach Lausanne mit allen Gartenhäusern umher, Vevey und das Schloß von Chillon ganz deutlich, das Gebirg, das uns den Eingang vom Wallis verdeckte, bis in den See, von da, an der Savoyer Küste, Evian, Ripaillec, Thonon, Dörfchen und Häuschen zwischen inne; Genf kam endlich rechts auch aus dem Nebel, aber weiter gegen Mittag, gegen den Mont Crédo und Mont Vuache, wo das Fort L'Ecluse inne liegt, zog er sich gar nicht weg. Wendeten wir uns wieder links, so lag das ganze Land von Lausanne bis Solothurn in leichtem Duft . . .

INHALTSVERZEICHNIS